AF428796

FILOSOFÍA PARA ENAMORADOS

JUAN DENIS

HOJAS DEL SUR

Buenos Aires

www.hojasdelsur.com

Filosofía para enamorados
Juan Denis

1a edición

Editorial Hojas del Sur S.A.
Albarellos 3016
Buenos Aires, C1419FSU, Argentina
e-mail: info@hojasdelsur.com
www.hojasdelsur.com

ISBN 978-987-8916-70-5

Dirección editorial: Andrés Mego
Edición: Paola Adler
Fotografía de autor: Leonela Caraballo
Diseño de portada e interior: Ezequiel Cobo, AADG Studio

Denis, Juan
    Filosofía para enamorados / Juan Denis. - 1a ed. - Ciudad Autónoma de Buenos Aires : Hojas del Sur, 2023.
    112 p. ; 23 x 15 cm.

    ISBN 978-987-8916-70-5

    1. Filosofía General. 2. Relaciones de Pareja. I. Título.
    CDD 199.82

A mi padre,
que creyó en mí cuando era solo
un niño que hablaba en público.

"Son tantos días los que forman una vida.
No me condenes a vivirlos sin amor"
Silvina Garré

Índice

Prólogo

El amor es el gran tema de la filosofía, nada puede entenderse plenamente sin amor y nada puede hacernos perder más nuestro eje de la cotidianeidad que el amor. Es lo que mueve nuestro día a día, lo que nos aleja engañosamente de la muerte, nos conecta con nuestra vulnerabilidad y nos llena de fuerzas cuando creímos perderlo todo. Por eso quiero escribir sobre el amor, porque todo lo que hace una persona con intensidad sienta sus bases necesariamente en el amor.

Divulgo filosofía desde 2007, año en el cual recibí mi título de Profesor. El aula tradicional siempre me pareció insuficiente y es por eso que, paralelamente a mi trabajo en las escuelas de la ciudad de Santa Fe, busqué toda posibilidad de hablar gratuitamente de filosofía en donde quisieran escucharme: di charlas abiertas, ponencias en congresos, ciclos de lectura, columnas radiales y escribí dos obras teatrales que se mantuvieron en cartelera durante 2013 y 2014. Incluso tuve mi programa de radio en 2012: "El idioma de la noche", hoy borrado de mi PC.

En 2017 creé "Filosofía en Minutos", un espacio de divulgación que surgió de ver los youtubers que miraba mi hija. Ella me enseñó, con tan solo 7 años, cómo debía dirigirme a la cámara y me animó a empezar. Hoy "Filosofía en Minutos" ayuda a cientos de miles de personas y la vida me demostró que mi hija tenía razón.

Cada vez que presentaba un contenido en las redes lo escribía previamente, y es por eso que en 2022 empezó a crecer en mí un deseo muy grande de dar forma a esos escritos. Aquel Juan Denis que borraba sus programas radiales y obras teatrales se transformó en un coleccionista de su obra. Cuando tuve un compilado de esos textos, aparecieron tres personas definitivas: Gisela Gilges recomendándome con gran generosidad el sello editorial Hojas del Sur, Andrés Mego creyendo en mí y Paola Adler poniendo orden en mi caos de escritor incipiente. Este volumen es el resultado de años de cuestionamientos sin certezas. No confío en él, pero me agrada que quieras leerlo. Tengo mucha más esperanza en tu deseo de filosofar que en mis palabras, las cuales tratarán de conmoverte en este escrito.

Juan Denis
Santa Fe, la invencible, 22 de mayo de 2023

Aclaración preliminar

La palabra "amor" en castellano no se reduce exclusivamente a un único sentimiento, sino que abarca muchos tipos de amores. Usamos esa palabra para el amor que sentimos por nuestra pareja, por nuestro trabajo, por nuestro perro y por salir a cenar. La palabra "amor" es extremadamente abierta, y si no limitamos el término anticipadamente, tendremos ese pequeño traspié al leer este libro.

Los griegos tenían básicamente tres palabras para el amor: *philía*, *ágape* y *eros*.[1]

Philía es el amor fraternal que sentimos por nuestros amigos, ese amor que no exige exclusividad y que se basa en el afecto mutuo y en la confianza. Es un amor estable y duradero, que se alimenta de presencias esporádicas, y que crece con los años.

Ágape es el amor incondicional. Es un amor que le da primacía al otro en vez de al yo, es por eso que aquellos que aman con ágape siempre buscan el bien del otro y dejan de lado el egoísmo.

---

1 Si bien este desarrollo de palabras griegas es un análisis personal, siempre es recomendable repasar las distinciones conceptuales al respecto que hace Erich Fromm en su libro *El arte de amar.*

En el Nuevo Testamento se usa esta palabra más de una vez para referirse al amor de Dios.[2]

Eros es el amor irresistible e involuntario que siente una persona por otra. Es el deseo de unir todo el ser con el ser del otro. El *eros* es anhelo del cuerpo, del alma y del tiempo del otro. Las mitologías lo asociaban a lo fecundo, a lo milagroso y al deseo de lo bello.

En la mayor parte de este libro nos concentraremos en el *eros*. Es decir que hablaremos del amor que se siente por una persona partiendo del deseo físico. Prácticamente dejaremos afuera los restantes amores. Por lo tanto, no olvides que al atravesar los capítulos de esta obra deberás leer lo que se dice en el contexto del amor *erótico* griego: el deseo de estar con otra persona en todas las dimensiones de su ser.

---

2   Por ejemplo, en el conocido versículo 8 del capítulo 4 de la primera carta del apóstol Juan. Allí dice: "El que no ama no ha conocido a Dios, porque Dios es amor". La palabra griega para amor es "ágape".

Amor y filosofía

Unos días antes de rendir la última materia de la carrera de Filosofía, me junté con dos compañeros que ya se habían recibido. Lo que primeramente fue una charla vespertina de mates, derivó en cervezas, pizzas y una madrugada prometedora. La reunión me gustaba, sentía que sus logros eran también los míos porque habíamos transitado juntos el camino del estudio, pero había algo en el ambiente que no queríamos conversar.

Uno de ellos había sido abandonado repentinamente por su novia, después de una relación de años.

Sin que ninguno de nosotros preguntara, él mismo decidió hablar del tema. Parecía que necesitaba contarlo, pero aclaró que lo haría filosóficamente, no quería que la amena conversación se volviera un interrogatorio. Sentía que de esa angustia tan fuerte tenía que brotar el pensamiento, no el chisme. De esa conversación me quedaron muchos aprendizajes. Recuerdo en especial una frase fuertísima de él: "No voy a renovar relación con otra persona hasta que no haya sufrido por ella todos los meses que deba sufrir".

Entre otras ideas interesantes, nos contó que la conversación final para dar cierre a la relación fue breve. Y que el argumento que le brindó era sencillo: "Ya no me pasa lo mismo que antes".

El amor es cambiante, esa es su tragedia y su maravilla. Está sujeto al devenir como todo lo que le acontece al ser humano. Es tan tremendo su movimiento que puede crecer y decaer, puede mejorar con los años o puede dejar de existir. Incluso puede profundizarse cuando se atraviesan grandes crisis, como también puede derrumbarse en un par de días por situaciones inesperadas. El único animal que ama con amor *eros* es el ser humano, y el ser humano cambia. Cambia corporal y emocionalmente, pero sobre todo cambian sus creencias, sus percepciones de la realidad y sus valores. El amor no es ajeno a ese cambio y las vivencias personales de semejante sentimiento son inestables.

Ese cambio no es impune, a su paso deja como saldo la angustia. El amor siempre cambia y la angustia del enamorado surge precisamente de esa situación. A veces nos angustiamos porque el otro cambió, otras veces nos angustia que nosotros hayamos cambiado y percibimos una indeclinable pérdida de coincidencia con la persona que siempre presumimos coincidir.

Como cultura, no hemos hecho otra cosa que obsesionarnos con encapsular al amor ¡Sí! ¡Lo que es móvil por definición lo queremos capturar! Siempre queremos detener el amor, es tan intenso lo que nos hace sentir que el miedo a perderlo nos induce a los conceptos. "¿Qué somos?" pregunta una persona enamorada. "¿Somos amigos?"; "¿somos novios?"; "¿somos pareja estable?". Se busca en el ser de la relación la fijación necesaria para no sentir que todo lo maravilloso que nos pasa se nos escapa. El concepto tranquiliza al enamorado, pero sobran ejemplos de que también puede ser el comienzo del fin, ya que el concepto genera repetición y rutina.

A lo largo de los años, no dejan de asombrarme las distintas duraciones que tienen los vínculos amorosos y cómo esa duración no es necesariamente el requisito indispensable para impactar en la memoria. Hay amores de un mes que dan la sensación de haber sido eternos, hay amores de años que no dejan rastro, hay amores que empiezan, terminan y vuelven a empezar, y tanto en su comienzo como en su reanudación, hacen felices a los enamorados.

El amor, como todo lo que acontece en este mundo, está sujeto al tiempo y a la duración. Es por eso que el asombro filosófico está siempre presente, porque es nuestro anonadamiento ante lo que nos supera por doquier. Es nuestra sorpresa ante el cambio de lo que desearíamos que no cambie.

La filosofía se origina en nosotros gracias al asombro que nos causa ver que todo nos sobrepasa. Los seres humanos han filosofado siempre que sintieron que algo no les cerraba. Una persona mirando las estrellas puede no sentir nada, puede pensar un futuro negocio o una inminente traición, pero también puede encontrar en esas estrellas la sensación de que hay un universo infinito que le es totalmente indiferente a su existir. Puede sentir, mirando la bóveda celeste, que somos nada, y que todo pasará. Eso es el asombro, el anonadamiento ante lo frágil de nuestra vida. La filosofía se origina en nosotros de muchos modos y uno de esos modos es el asombro.

Si en el amor hay reflexión y asombro, la filosofía tiene un lugar en este debate. Durante años pensé que no era prudente abordar algo psicológico, sociológico y biológico como el amor desde la filosofía, pero con los años me percaté de la insuficiencia de todo saber a la hora de abordar cualquier tema, si no está acompañado de filosofía. No todo es psicológico, no todo es sociológico, no todo es biológico. La pregunta por el ser del amor es importante porque lo primero que quiere saber el enamorado es "¿qué somos tú y yo". La pregunta por el *ser* del amor tiene que ser abordada por la filosofía, aunque no podamos asegurar que será totalmente respondida.

Te invito a reflexionar sobre lo más importante de la vida y tal vez sobre lo único que importe. ¡Te doy la bienvenida a esta *Filosofía para enamorados*!

CAPÍTULO 1

Ser: ¿Qué es el amor?

Alejandra, Pedro y el lunes

Cuando Alejandra llegó al trabajo encontró a Pedro adormecido. Ambos sabían que les esperaban ocho horas interminables de oficina y prefirieron hacer observaciones habituales para un lunes laboral. Comentaron el clima, el cansancio, el poco café que había disponible en la alacena y las respuestas eran un coro de resignación. Prendieron sus computadoras para sumergirse en la producción de recuerdos administrativos y lentamente la oficina empezó a llenarse de gente. Eran anónimas personas que iban y volvían, teléfonos que gritaban, quejas de jefes apurados… El mundo los había perdido y ellos estaban irremediablemente perdidos en el mundo.

Todo el entorno ignoraba un detalle: ellos habían pasado el fin de semana juntos, porque después de muchos años de verse a diario como colegas, se dieron cuenta de que se gustaban mutuamente. Lo grave de la situación era que en su trabajo estaba prohibido que dos personas sostengan un vínculo amoroso. Si eso era descubierto, uno de los dos tenía que renunciar, o bien el directorio tomaría las medidas pertinentes.

Sentían un doble juego entre lucidez y obnubilación. Estaban confundidos pero orientados, sabían que el presente no era el mismo que hace unos días atrás y que había algo irreversible entre ellos. Pero la misma alienación que los sumergía en los papeles y las computadoras los salvaba de la pregunta más bella y trágica a la vez: "¿y si esto que siento es amor?".

Al promediar la mañana, los clientes eran menos y el trabajo administrativo ya estaba controlado. Sostienen una conversación rápida, pero suficiente para que Pedro pregunte cómo seguiría lo que empezó ese fin de semana. Alejandra respondió:

—Seguirá como deba ser, hasta donde nosotros queramos.

—Pero, ¿cómo saber lo que tú quieres? Ni siquiera sé bien lo que yo quiero.

—A mí me parece que es absurdo pensar que no sabemos lo que queremos.

—Pero si todo pasara por "querer" sería muy sencillo. Si yo pudiera querer con libertad, ni siquiera me hubiese fijado en ti, el problema es que el querer y el hacer no coinciden. El problema es que los actos que realizo cuando te veo no parten de un querer controlado, sino de algo nuevo en mí.

—Al menos dime qué te pasa conmigo, si lo defines bien, todo va a ser más claro y quizá termine ya mismo.

—Es que no sé lo que me pasa, pero sí sé que lo que me pasa es inevitable y es probablemente lo más importante que me haya pasado y que me esté pasando en este momento.

El amor, la filosofía y la pregunta

Alejandra y Pedro tenían convicciones porque no podían negar lo evidente, pero a la vez esa convicción los llenaba de preguntas. El eros y la filosofía comparten una vocación: la pregunta. El enamorado quiere saber qué le pasa, le consulta a sus amistades qué opinan, se interroga a sí mismo por qué siente lo que siente y se atormenta ante las infinitas posibilidades que puedan surgir de esa fragilidad que tienen las decisiones cotidianas. *Los enamorados se preguntan, la filosofía se pregunta, por lo tanto, es posible una filosofía para enamorados.*

Y ni siquiera hemos señalado aún que la filosofía es ante todo amor, ya que etimológicamente *filosofía* significa "amor por la sabiduría". En rigor de verdad, ese amor no es el que analizaremos en estos textos, porque ese es el amor *philía*, aquel que eligieron los pensadores griegos para definir su actividad. Pero decimos verdad si decimos que la filosofía es, ante todo, amor.

> Los enamorados se preguntan, la filosofía se pregunta, por lo tanto, es posible una filosofía para enamorados.

El eros, por su parte, es ese deseo cuyo compás tiene el misterioso destino de hacernos olvidar por unos instantes de la muerte. Mientras camines en los mundos que crea ese deseo, la muerte parece (acaso engañosamente) no existir. Por eso el enamorado quiere sentir lo que siente y a la vez quiere escapar. Quiere la plenitud de saberse ficticiamente inmortal, pero al mismo tiempo no quiere permanecer en una sensación tan profunda que lo aleja de toda lucidez pragmática.

Las contradicciones de quien ama, las dudas de quien se inicia, el dolor de quien ya no ama o –peor aún– ya no es amado, vuelven imprescindible una reflexión filosófica sobre el amor. No haremos psicología porque no profundizaremos científicamente en conductas concretas. Tampoco nos estacionaremos en el sentimentalismo, ya que el sentimentalismo es una de las tantas parodias del amor. En cambio, trataremos una y otra vez de acompañarnos de las dos formas de preguntar que tiene la filosofía. Nos preguntaremos por el "qué" del amor (esencia) y por el "por qué" del amor (causa).

El amor acontece

Uno de los misterios del amor es su surgimiento, porque no tenemos una fórmula para generarlo ni en nosotros ni en los demás. El amor emana sin que podamos controlar su nacimiento, y también aflora en los demás sin que hagamos demasiado para que eso pase.

El amor ni se crea ni se inicia voluntariamente: el amor acontece.

Que acontezca significa que se da dentro de un entramado de situaciones que son cómplices del surgimiento. Te enamoras en un momento de tu historia, con determinados vínculos y con situaciones concretas que no serán las mismas dentro de un tiempo. Por eso podemos inferir que, si hoy te has enamorado, no precisamente te pasaría lo mismo dentro de diez años, ya que hoy te enamoras dentro de un contexto. Pero ese contexto no genera el amor automáticamente, sino que el amor surge de cómo vives tú esas situaciones en ese contexto. El amor hoy acontece, pero en una década puedes ubicarte en la misma ciudad con la misma persona y tal vez no te enamores.

> El amor ni se crea ni se inicia voluntariamente: el amor acontece.

Esto se debe a que, insisto, es un acontecimiento; y el acontecimiento es la síntesis que las personas hacemos de una determinada situación irrepetible. Puede parecer una metáfora trillada, pero es verdad que el amor es un tren que pasa y puede no volver nunca más. Si dos personas tuvieron a sus 25 años la posibilidad de estar juntos y dijeron "no", es probable que eso se pierda para siempre. Encontrarse a los 45 para probar algo nuevo es tarde, al menos para aquel vínculo de hace dos décadas, porque el acontecimiento caducó junto con aquel contexto que lo fortalecía. La única esperanza para esas dos personas es que surja un nuevo vínculo con nuevos contextos y a la vez ambos sientan que puede funcionar, ya que esas personas que ahora tienen 45 años no son las mismas que eran a los 25.

Una vez que acontece el amor, comienzan los riesgos. El amor no acontece sin convicción permanente de pérdida, si todo estuviera controlado, no sería amor, porque enamorarse es incluir otredad en mi vida cotidiana. El otro trae consigo su libertad y ahí surge el riesgo de perder, riesgo de no ser correspondido, riesgo de que un día diga: "ya no me pasa lo mismo de antes". Ese riesgo incomoda, pero sin ese riesgo no hay amor posible.

Lo interesante es que al enamorado no le importa mucho ese riesgo porque, incluso perdiendo, siente que ganó algo.

> "Sin riesgo, no hay amor posible".

Veo esto como un signo positivo; es maravilloso que nos pase algo que no podemos controlar. Piensa en que hoy tienes todo al alcance de tu mano: puedes comunicarte con todo el mundo, puedes informarte en instantes, puedes pedir comida a tu casa, puedes acceder al conocimiento en segundos; pero no lo puedes todo. El amor sigue enseñándonos que pueden crearse miles de mecanismos para dominar y controlar la realidad, pero lo que realmente nos conmueve (el amor del otro y para el otro) no se puede controlar.

Definir lo que parece indefinible

Preguntarnos por la esencia del amor es preguntarnos: ¿qué es el amor?

Marcel Schwob dio una gran definición, a mi juicio exacta y didáctica. Dice:

> *"Y lo que llamamos amor es el deseo de unirnos, de fundirnos y de confundirnos"* [3]

Es una conceptualización certera, porque no se mueve en las fronteras de lo casi indefinible: el amor es deseo y si te mueves de esa característica, deja de ser eros. Es una definición didáctica

---

3   SCHOWB, Marcel: *Vidas imaginarias*, cuento "Empédocles, supuesto Dios".

porque nos explica lo que muchos dan por inexplicable, y no hay forma de escapar cuando ya tenemos esa clave afirmada. El deseo es el requisito indispensable para saber si estamos o no estamos atravesando una experiencia con el eros, y no precisas demasiadas explicaciones a partir de esta especificación. Si lo que estás sintiendo por esa persona está movido por el deseo de esa persona, es probable que ya hayas atravesado los portales del amor.

Al poseer una definición de amor, podemos especular que la ausencia de deseo es también ausencia de eros. Si no deseas a la otra persona en todas sus dimensiones, no es amor lo que sientes. Pero, ¿qué significa desear en todas las dimensiones? Significa no detenerte en el deseo físico sino también en los aspectos de su personalidad, significa no conformarte con que "es una buena persona" sino también sentir mucha atracción al verlo en su aspecto. Es la combinación de lo físico y lo intelectual, es ver el tiempo que queda por delante como ese espacio en el cual quieres que habite esa persona con todas sus cualidades.

¿Y la duda? ¿Está bien dudar ante la posible aparición del amor? Nunca una persona que se dedica a la filosofía podría enojarse con la duda. La duda es la matriz misma de la filosofía y es por eso que en cada escrito y en cada expresión pública hacemos una apología de la duda como forma de vida. Pero una de las características que observamos en el eros es la ausencia de duda: quien está enamorado desea y quiere, está convencido de lo que le pasa y es inevitable lo que se le presenta, la única barrera entre lo que siente y lo que se lo impide es la situación, el "qué dirán" o el "no" rotundo del otro. Pero sabe que desea y sabe que está enamorado, casi podríamos decir que el enamorado no duda porque sabe que está sintiendo lo que incluso desea no estar sintiendo.

Gracias a esa definición ya tienes un indicio fundamental que será el anfitrión en este territorio lleno de incertidumbre: el amor es deseo. Si no hay deseo, no podemos hablar de amor, puede ser cariño, amistad y simpatía, pero no amor.

La patencia del amor. Fundirnos y confundirnos

La convicción es la primera pista del enamorado. El enamorado sabe que lo está, no precisa corroboración y se le hace patente lo que siente. Es más, si es agudo en sus reflexiones se dará cuenta de los artilugios que se le ocurren para escapar de lo que siente. Por lo tanto, buscar en un video, en una revista, o en un asesor la corroboración de algo que nos atraviesa parece más bien una negación.

Si sientes amor, lo sabes. Parece ser que la convicción y el amor van juntos. El problema es la incertidumbre por desconocer la procedencia de este sentimiento y a la vez la angustia por no saber si los horizontes que se abren ante este hecho innegable serán horizontes compartidos. En otras palabras, la angustia no es saberlo o no saberlo. La angustia proviene de esa humana imposibilidad de comprobar, a ciencia cierta, si el otro está sintiendo lo que sientes tú.

> La angustia proviene de esa humana imposibilidad de comprobar, a ciencia cierta, si el otro está sintiendo lo que sientes tú.

Antes de avanzar en el proceso de desenmascarar lo que no es amor, quisiera dedicar unas líneas a la corroboración empírica del amor por parte de un sujeto. Partiremos de la siguiente afirmación:

Quien está enamorado lo sabe. Hay una patencia del amor.

Desarrollemos un ejemplo para ilustrar esto:

A fines de los noventa, encontré una revista con un llamativo titular: "Diez claves para saber si estás enamorada".

Siempre me pregunté si es necesario corroborar en la mirada ajena los sentimientos propios ¿Puede una revista decirme con exactitud lo que siento? ¿El enamorado no sabe que está enamorado? Parece absurda la idea de buscar en una revista, en un maestro, en un amigo la corroboración de lo que debería ser convicción. Si tenemos dudas de lo que sentimos, podríamos decir, casi con certeza, que no es amor. *El amor se manifiesta convincente, es inapelable, sabemos que está ahí y le escapamos. Nos mira de modo frontal y sacamos la mirada, pero sabemos que nos mira.*

Es contundente y definitivo el concepto de Schowb. Si no sientes deseo por la otra persona, no estás atravesado por el amor; si no tienes deseo de unirte a la otra persona en todo sentido, no hay amor; si no tienes intenciones de *con-fundirte* con la otra persona, tampoco hay amor.

> El amor se manifiesta convincente, es inapelable, sabemos que está ahí y le escapamos. Nos mira de modo frontal y sacamos la mirada, pero sabemos que nos mira.

"Con-fundirse" no es confusión intelectual, sino querer fundirte en la otredad del otro. Es más profundo que el mero hecho intelectual de no saber lo que sientes por una vaga *confusión*, el amor verdadero es deseo de estar con el otro más allá de saber que jamás ensamblarás perfectamente con el otro.

Lo más desesperante es corroborar que tal vez la persona que amamos no tiene ese mismo deseo. Si no muestra un mínimo de entusiasmo, si prefiere no verte por días, si te dice que es necesario distanciarse un tiempo, quizás sus sentimientos no ensamblen en la definición que estamos descubriendo. Lo bueno de tener una definición es que la verdad puede manifestarse, por más dolorosa que sea esa verdad.

Aquel que filosofa ama con mayor intensidad

En los últimos tiempos, observamos que la palabra "intenso" adquirió un peso semántico extraño. Vemos cómo más de una vez se le dice "intensa" a una persona que siente mucho y se preocupa demasiado por cada situación que acontece en la pareja. Etimológicamente, "intenso" significa "mantener una tensión hacia adentro". Es decir que aquel que está atravesando un momento de intensidad, sostiene una tensión hacia él mismo. Si la intensidad proviene de los sentimientos que abriga, logrará que esos sentimientos retornen a él varias veces durante el día. Ser intenso significa revivir permanentemente hacia adentro lo que se experimenta, es la repetición interna del compromiso total de lo que se siente.

Ser intenso significa revivir permanentemente hacia adentro lo que se experimenta.

Pero hoy se le llama "intensa" a la persona que pone mucho empeño en el amor y siente más de lo que se considera aceptable. Quien acusa a otro de "intenso" en el amor, lo hace desde una postura distante, un tanto egocéntrica, incluso. "No seas intenso" dice alguien, mientras con sus gestos rechaza darse un nuevo abrazo. Etimológicamente está bien el matiz nuevo que asumió la palabra "intenso", porque poner empeño y asumir lo que se siente son ideas afines, pero el problema está en la *negatividad* que conlleva el adjetivo actualmente en el uso coloquial.

El que ama puede amar de muchos modos. No existe una única forma de amar. Esos modos dependen muchísimo del nivel de complejidad que tenga el amante en sus pensamientos. Si alguien esquiva lo intelectual, su amor será poco reflexivo; si alguien elude los placeres en pos de un formalismo, su amor carecerá de fuego. Eso no significa que no sientan amor, solo decimos que el amante ama desde una experiencia de vida, y esa experiencia de vida varía con cada persona.

> Amar filosofando es amar con mayores herramientas que amar sin filosofía.

¿Cómo aman los que filosofan? ¿Son intensos? Tú que lees este libro y que seguramente ya has leído a Platón y su *Banquete*, ¿Cómo amas? Yo afirmaría que aquellos que leen filosofía no solo aman con intensidad, sino que han desbloqueado nuevos niveles de intensidad. En este caso, el peso semántico de la palabra "intenso" no es negativo: *amar filosofando es amar con mayores herramientas que amar sin filosofía.*

No podríamos dar una única característica de cómo aman los que filosofan, pero sí podemos intuir las cualidades de ese amante. Probablemente sea una persona que haya profundizado mucho en la muerte como problema y angustia ineludible del ser humano. Si profundizó en el misterio de la muerte, verá al amor como un camino hacia el olvido provisorio de esa realidad mortal que lo rodea. O tal vez profundizó en las variedades de definiciones que hay sobre el amor, y al ver cuántas posturas hay al respecto sintió que no todos aman de un mismo modo y que el amor es siempre nuevo, porque cada persona y pareja lo refundan.

Si tu vida se llena de filosofía, amarás con mayor intensidad. La filosofía no viene a tu vida a arruinarte nada, mucho menos a estrecharte caminos; al contrario, la filosofía amplía tus horizontes y te abre otros nuevos. Es por eso que el amor se intensifica con filosofía y a su vez, el acto de filosofar aumenta tu conciencia del amor. Esa intensidad generará mayor sufrimiento si el amor no es lo que esperamos, o si no todo va por el camino que deseamos, pero también esa intensidad te dará mayor placer y alegría porque serás más consciente de lo que sientes.

> El amor se intensifica con filosofía y a su vez, el acto de filosofar aumenta tu conciencia del amor.

El enamoramiento

Ya hemos definido el amor. Ahora resta diferenciarlo del enamoramiento.

El enamoramiento es la etapa inicial de una relación. Es ese momento descrito por los poetas, por las canciones populares y por cada mirada de alguien que te cuenta que inició una relación. En esos meses, el mundo se agranda, los proyectos se vuelven posibles, el pasado cobra un sentido y el futuro se mira expectante; en esos días parece que todo ensambla dentro de un presente nuevo.

Es más, podríamos afirmar que el enamorado que atraviesa la etapa de enamoramiento está existencialmente en el punto más lejano a su triste realidad mortal y perecedera.

Cuando dos personas inician una relación casi no tienen la capacidad de verse en sus dimensiones agradables y desagradables. Son días de fantasía, de distancia con la cruda realidad, de tiempo fuera del tiempo.

Al parecer, este enamoramiento dura entre seis meses y un año. Eso depende de la pareja, de las situaciones y del experto que opine sobre el tema. Son momentos de ausencia de problemas, de sencillas miradas con respecto a lo nuevo. La complejidad vendrá después, cuando la realidad cotidiana avance implacable sobre ese enamoramiento que tiene que atenuarse, porque el amor es devenir y todo cambia.

> El amor es devenir y todo cambia.

Pero que termine el enamoramiento inicial no tiene por qué ser una mala noticia. Todo fin es un principio camuflado y, en este caso, lo es mucho más. Aquellos que comienzan a llevarse por delante la realidad posterior a los primeros meses sentirán algo mucho más racional, pero lleno de expectativas. Si lo que nos unió en los primeros meses fue lo irresistible, hoy los une el futuro juntos, y el tiempo presente listo para ser compartido.

Si estás en la etapa posterior al enamoramiento, identifica el proyecto. Si no existe tal proyecto, búscalo junto con tu pareja. No tienen que ser muchos, pero al menos tiene que haber uno, ya que amar es pensar en un mañana y no hay mañana compartido sin objetivos. Es un gran momento el que han comenzado, no creas que todo termina porque ciertas luces fuertes ya no alumbran tanto. Tal vez estás empezando a vivir hermosos años de tu vida.

> Amar es pensar en un mañana y no hay mañana compartido sin objetivos.

Si estás en la etapa de enamoramiento inicial te ruego que fluyas, no olvides nunca que estás siendo protagonista de un milagro estadístico. La mayoría de las personas se enamoran de quien no las ama y recibirán amor de quienes no desean. Pero a ti se te dio. Tú coincidiste, tú amas y el otro te ama. Deja que el sol brille al máximo, siente dentro de ti el peso total del tiempo que quiere quedarse, encuentra por unos días el sentido a una existencia que tal vez no lo tenga.

Y cuando ya no sientas lo que sientes hoy, quita las nubes de los tiempos tristes que estás viviendo con el sol que alguna vez brilló. Busca dialogar, comprende la otredad del otro. Entiende que es mejor partir si ya nada sienten. Pero, si aún se quieren, es importante insistir. Porque la existencia es demasiado dolorosa para vivirla sin amor.

> Porque la existencia es demasiado dolorosa para vivirla sin amor.

El banquete de Platón, un diálogo sobre el amor

En mi opinión, el libro más importante de la filosofía en cuanto al amor es el diálogo platónico titulado *El banquete*. El tema de este libro es el amor eros y la obra narra una reunión festiva entre hombres griegos, en la cual se van a dar discursos sobre el amor.

Es un texto que se disfruta mientras nos sumerge en ese momento casi sagrado de la discusión nocturna entre pensadores griegos. Regresar en el tiempo es un acto imposible, pero el arte literario de Platón nos hospeda –casi como espías– en esa habitación de debates.

En total son seis discursos sobre el amor: Fedro, Pausanias, Erixímaco, Aristófanes, Agatón y Sócrates. También es verdad que sobre el final se suma el discurso de Alcibíades. No mencionaré todos, pero en este apartado señalaré el de Fedro y el de Sócrates.

Fedro dice que ningún otro bien en el mundo nos da tanta alegría como el amor. Ni los honores ni la riqueza se nivelan al amor, ya que aquel que está enamorado no quisiera pasar vergüenza jamás delante esa persona que ama.[4] Es emocionante esta afirmación: el amor nos hace sentir que ganamos todo lo que necesitábamos ya que el otro encarna una sensación de plenitud. El otro aloja una saciedad que no encontramos en otras alegrías. Si piensas como Fedro, afirmarías que lo más parecido a la plenitud total se siente al enamorarse.

---

4   Platón: *El Banquete (179a)*, en *Colección Grandes Pensadores*, T I, Gredos, España, 2010.

Por su parte, Sócrates aclara que todo lo que dirá se lo confió Diotima, es decir que no habla por él, sino por esa sacerdotisa. Ella le contó que el amor no es ni bueno, ni malo, ni feo, ni bello; sino un punto medio (*un mediador*). Si el amor fuera totalmente bello, no habría carencia en el enamorado, si el amor fuera totalmente feo, nadie querría enamorarse. El amor está en el medio y tiene una carencia permanente, porque cuando te enamoras sientes que algo te falta. Te darás cuenta que te has enamorado porque quieres más tiempo con la otra persona, quieres saber más de ella.

"Enamorarse es la plenitud", dice Fedro.

Sócrates nos deja en claro que *el que ama desea más de lo que ama*, el conformismo no es parte del amor, porque resignarse es en parte dejar de amar. Quien ama quiere la belleza, quien ama quiere el bien; sabe muy bien que no será posible encontrar en sí mismo todo, tiene una carencia y busca una plenitud en el otro. Ese otro puede ser hoy una persona y dentro de 20 años otra, pero la sensación de que el otro hospeda algo que me falta, y que siempre deseo más, es una clave perfecta para saber si estamos auténticamente enamorados.

CAPÍTULO 2

Las causas del amor

¿Por qué nos enamoramos?

Aristóteles asegura en *La Física* que su labor como filósofo se centra en buscar las primeras causas. Es decir que lo que diferencia a una persona que no hace filosofía del filósofo es que quien filosofa se dedica a pensar desde las causas. [5]

Por lo tanto, si ocurre algo en tu vida cotidiana y te detienes en la epidermis de lo que ocurre, no filosofas. Opinas, discurres, debates, sentencias; pero no filosofas. Tú filosofarás cuando te preguntes por las causas de lo que pasa.

Pensar filosóficamente el amor implica, a mi juicio, dos requisitos indispensables: El primero es la pregunta por su esencia, por lo que es (esto lo trabajamos en el primer capítulo exponiendo

---

5   Esto lo sentencia en su libro *La Física*. Allí Aristóteles afirma: "Solo creemos conocer una cosa cuando conocemos sus primeras causas y sus primeros principios".

distintas definiciones y asumiendo una definición como timón de este libro). El segundo es preguntarnos por *la causa del amor*. De eso nos ocuparemos en este capítulo.

En el amor podemos hacer descripciones periféricas de lo que nos pasa, pero también podemos preguntarnos por la causa: ¿Por qué me enamoré? O mejor dicho: ¿Por qué los seres humanos se enamoran? Ya que si te concentras demasiado en tu vivencia personal del amor tan solo estás *analizándote*. El desafío es ver qué tiene en común lo que a ti te pasa con lo que le pasa a todos los seres humanos en todo momento. Cuando lo logres, no estarás analizándote solamente sino que estarás analizando filosóficamente el amor de toda persona.

Son muchas las repuestas sobre la causa del amor. Expondré algunos puntos alusivos a la cuestión y después me detendré en puntos más controvertidos. Pero la pregunta es causal: ¿por qué causa te enamoras? O mejor planteado aún: ¿por qué causa todos los seres humanos se pueden llegar a enamorar?

Nos enamoramos por una cuestión meramente biológica

Esta visión parece un tanto disparatada, pero muchos la sostienen. El deseo de reproducirnos, al parecer, nos lleva al engaño del sentimiento, pero solo estamos buscando dar conclusión a nuestros deseos sexuales. Si hiciéramos caso de este planteo, deberíamos admitir que buscamos satisfacer un deseo físico y nada más. En este caso los cuestionamientos morales tiene dos destinos: o pasan a un segundo plano en pos de cumplir con necesidades biológicas fundamentales e impostergables, o bien la moral es la lucha humana genuina ante el deseo siempre latente. Un justo medio entre moral y biología parece difícil en esta perspectiva. Ya que si argumentamos que el amor es pura biología, equilibrar sentimientos genuinos con impulsos cien por ciento biológicos es una tarea que francamente se parece al amor. ¿Qué otra cosa es un amor de pareja que dos personas que satisfacen sus deseos biológicos, pero sostienen una reglamentación moral común sobre su vínculo? Así que esta teoría no podría admitirse en ese justo medio. La postura biologicista es necesariamente extrema y se sintetiza en que el amor no existe como lo conocemos, o simplemente es un eufemismo con el que ocultamos los deseos sexuales más básicos. En el caso de Alejandra y Pedro, podríamos decir que si ellos fueran animales en celo, solo querrían unirse sexualmente y no existiría el problema que se plantea en la oficina. Es más, ese problema que están viviendo es inútil ante esta postura.

Yo me arriesgo a decir que nos enamoramos porque no soportamos la finitud.

Nos enamoramos por mandato cultural

Si esta hipótesis triunfara, sería triste el panorama desde todo punto de vista. Enamorarse porque "tener pareja está bien visto socialmente" es un absurdo. Pero no nos engañemos, más de una vez hemos escuchado a personas argumentar que están en una relación porque así debe ser. Incluso este tipo de supuestos surge en desagradables preguntas familiares cuando alguno de los jóvenes de la familia promedia los 30 años y no formalizó un vínculo. Nunca falta quien arroja: "¿y para cuándo el/la novio/a?".

Si la cultura determina la elección del individuo en materia amorosa, el resultado final es un vacío inmenso. Es la soledad que sentían las parejas por conveniencia hace cientos de años; es la sonrisa a media asta de las parejas que se soportan, pero siguen; es la fantasía nocturna de los que están juntos pero desearían algo más.

Nos enamoramos porque existencialmente necesitamos hacerlo

En este momento del libro arriesgaré una postura personal, la cual se basa irremediablemente en mis influencias existencialistas. Lo que esbozaré es una modesta teoría. Cuando la pienso, es lo único que me da una mínima certeza ilusoria del amor: *yo me arriesgo a decir que nos enamoramos porque no soportamos la finitud.* Nos moriremos y es una desgracia que esto pase, es la mayor tragedia ya que es irreversible e inevitable. La muerte nos marca el compás y sabemos muy bien que acontecerá. Tal vez me objetes mi apreciación diciendo que no encuentras un vínculo causal entre la plena conciencia de nuestro destino final y el amor, pero tal vez puedas persuadirte de que existe un vínculo existencial.

La finitud es desesperante, el paso del tiempo es ese testigo permanente de su existencia, y cada día que pasa es un día menos. Casi no tomamos conciencia de eso, pero así es.

No hay ninguna prueba empírica de que la causa del amor sea nuestra conciencia de finitud, pero sí estoy seguro de que si el ser humano fuera inmortal, no se enamoraría. ¿Qué sentido tendría erotizarse si estamos destinados a repetir los días por siglos y siglos? La brevedad de la vida intensifica todo: nuestros proyectos, nuestra risa, nuestros sueños; no es injusto sospechar que la intensidad más grande que siente el ser humano, *el amor*, sea hijo de esa finitud insoportable.

El amor es filosófico, la filosofía es amor

¿Has pensado en el impulso que te lleva a filosofar? Cuando empecé la carrera de Filosofía, no tuve el recaudo de armarme un compendio de argumentos ante la pregunta de por qué la elegí. Recuerdo la primera vez que alguien quiso saber qué estudiaba

—¿Y de qué trabaja un filósofo? —me preguntó esa persona.

Mi respuesta fue la misma que doy en la actualidad:

—No soy filósofo.

Aclaré que no trabajaría de filósofo, pero sí pensaba dedicarme a la docencia porque estudiaba un profesorado. En esa respuesta agregué un detalle que era *vox populi* en la época: "las horas de Filosofía son muy pocas en las escuelas, así que tal vez me reciba y nunca ejerza".

En ese momento toda la mesa se silenció y me hizo la pregunta lógica:

—¿Y por qué estudias algo que no te va a dar salida laboral?

—*Porque es más fuerte que yo estudiar filosofía, no lo puedo evitar* —fue mi respuesta y sigue siendo la misma.

Desde los primeros filósofos se sostiene la idea de que filosofar es un impulso. Filosofar es algo inevitable, porque es inherente a nuestra condición humana, filosofamos porque no podemos escapar a la tentación de preguntarnos, de dudar, de frecuentar las idas y venidas del pensamiento. Los precursores de esta noble actividad usaron la metáfora del amor para referirse a este impulso: no somos sabios, somos los que aman la sabiduría, la amamos porque no podemos resistirnos a su búsqueda.

> No somos sabios, somos los que aman la sabiduría.

Si la filosofía es amor, el amor es también filosófico. Quien ama se siente arrinconado por preguntas, por planteos, por temores. No comprende qué es lo que le pasa, pero las dudas que se desencadenan de estar enamorado lo consumen en una gigantesca convicción que (paradójicamente) lo lleva a la pregunta. En otras palabras: sabe que está enamorado, pero no para de hacerse preguntas mientras sobrelleva esa convicción.

Lo filosófico del amor se encuentra en su alejamiento de lo cotidiano. El amor abre los ojos hacia una otredad que antes no conocíamos. Lo habitual de nuestra condición humana es el egoísmo, es cuidarnos para sobrevivir. Es lógico que cada una de nuestras decisiones busquen satisfacernos, pero de repente nos enamoramos y todo cambió. Hay un carácter invasivo y de novedad en quien se enamora porque siente que algo lo sobrepasa, pero a la vez siente que la estructura de seguridad que traía se derrumba. Si hay derrumbe, hay filosofía. Si hay dudas conviviendo con convicciones, hay filosofía.

El amor es inútil como la filosofía

Afirmar que el amor es inútil parece mucho a simple vista. Tal vez estés pensando: "este libro se ocupa del amor, pero en uno de sus apartados se sentencia la inutilidad del mismo". Como suena un poco extraño, es necesario un desarrollo al respecto.

¿Qué significa que algo sea útil? Significa dos cosas: *que sirva para un determinado fin, y que su permanencia en el mundo esté direccionada a servir a ese fin*. Pongamos por ejemplo un vaso de vidrio: este objeto tiene una utilidad directa (contener líquido dentro suyo) y su permanencia en el mundo depende de su capacidad para seguir conteniendo. El día que se rompa ese vaso, no tendrá sentido su permanencia dentro de las cosas útiles del hogar, porque su existencia dependía de su utilidad.

A la luz de esta definición, podemos afirmar que el amor no tiene una utilidad directa como el vaso. ¿Cuál sería la utilidad directa del amor que Pedro siente por Alejandra? No hay un "para-qué", ni tampoco sería correcta la afirmación: *me enamoré de Alejandra para que me pase a buscar con su moto, y me ahorre el autobús".*

El amor no tiene un "para-qué". Es tan fuerte su intensidad que se justifica por sí sola. El enamorado siente, no puede evitar lo que siente y tampoco tiene intenciones de sacar ventaja de su sentimiento. Por eso el cálculo es enemigo del amor, toda apreciación ventajera u opinión calculadora es síntoma de la decadencia del amor. El que ama confía, es crédulo y deja el corazón en cada situación, sin esperar un "para-qué".

> El enamorado siente, no puede evitar lo que siente y tampoco tiene intenciones de sacar ventaja de su sentimiento.

La filosofía y el amor comparten su inutilidad. La filosofía es inútil porque quien lee a Descartes no obtiene un beneficio directo de esa lectura. Ante la clásica pregunta de "¿para qué sirve la filosofía?", la respuesta es siempre suspensiva. No tiene una utilidad directa la filosofía, lo cual no significa que una frase de Aristóteles no nos ayude cientos de veces. No hablamos de aplicaciones prácticas, hablamos de que en el ADN del saber filosófico no está la utilidad como rasgo esencial.

Alguien podría decir que la filosofía sirve para pensar, pero también el ajedrez sirve para pensar. Si el argumento que defiende la utilidad de la filosofía parte del hecho de que el que filosofa sí o sí piensa, es muy pobre dicho argumento. La filosofía es mucho más que pensar; de hecho, se filosofa muchas veces en la desesperación, en el llanto, en la confusión; actividades alejadas del pensamiento y cercanas a los impulsos. No importa la utilidad, mi querido lector, y ¿sabes por qué? Porque la filosofía es inevitable.

> "La utilidad no es un rasgo esencial del saber filosófico".

Tanto el amor "eros", del cual hablamos en este libro, como el amor "philía", el cual es motor del pensamiento filosófico, son ambos inevitables e inútiles. Todo tipo de amor es ante todo inutilidad, y eso glorifica el sentimiento. Le da mayor relevancia y potencia: *yo filosofo porque es inevitable, pero también amo a una persona porque es inevitable.*

¿Es necesario amarse a uno mismo para amar al otro?

En tiempos de literatura motivacional, es recurrente la afirmación: "Para amar, primero debes amarte a ti mismo". Seamos justos: también Aristóteles hablaba del amor a uno mismo,[6] pero no ampliaremos su pensamiento aquí porque lo que él quería decir con esa expresión no es lo mismo a lo que se apunta hoy.

Para evitar todo este análisis bastaría con una definición exacta de *"ti mismo"*, pero no la tenemos en la actualidad. Cuando se afirma "tú tienes que amarte a ti mismo", ¿se alude al hecho de preferirnos por encima de los demás? En ese caso, sería *egoísmo*. O tal vez se refiere al hecho de no realizar acciones que después

---

6   Aristóteles, *Ética a Nicómaco*. Libro IX, capítulo VIII

nos hagan sentir indignos, en ese caso sería *autoestima*. O tal vez se refiere a que todas las mañanas nos despertemos y nos miremos al espejo dándonos besos en la mejilla diciéndonos que somos hermosos: En ese caso sería *estupidez.*

No tenemos una definición exacta del "ti mismo" porque somos una unidad indisoluble. Es lógico que la psicología distinga dimensiones conscientes e inconscientes, pero no pretendemos en estas páginas ahondar en un terreno investigativo que no nos compete. Solo nos sirve, a los fines de estas reflexiones, afirmar que somos una unidad. No encontramos indicios de ser dos personas que se pasan factura una a la otra en reclamos de amor. Es lógico que todos dialoguemos en nuestro interior suponiendo ficticiamente que somos dos personas en una, pero siempre seremos uno. El amor, en su carácter casi milagroso, nos expulsa hacia afuera, hacia la tierra extraña de la otredad desde una unidad sólida e irrenunciable para nuestro "yo". Esa expulsión de un "yo" hacia afuera es hacia lo que el otro es y no terminamos de definir. El amor es siempre hacia afuera y la interioridad se muestra incómoda y casi hostil, porque si hay algo que piensa el enamorado es en todo menos en sí mismo.

> No tenemos una definición exacta del "ti mismo" porque somos una unidad indisoluble.

La frase de Lacan: *"amar es dar lo que no se tiene"* nos acerca mucho más a una verdad posible sobre esta cuestión y nos aleja de los tropiezos del "ti mismo"; del besito individual mañanero que repite frases egocéntricas. El que está enamorado ya no habita el "yo", sino que piensa en otra persona. No quiere pensar, pero piensa; no quiere sentir pero siente; no quiere perder un corpus de certezas que lo sostenían en un mundo incierto, pero ya las ha perdido. El enamorado siente que las explicaciones que buscaba están afuera, no en él mismo. Se da cuenta de que hay una pared que quiere derrumbar, la pared del misterio ajeno que se le presenta como angustioso y como inevitable de ser investigado.

El amor es siempre hacia afuera

La llegada de un otro nuevo a nuestra vida puede adquirir distintos matices. El otro puede ser un contacto ocasional (a alguien se le cae algo en la calle y se lo alzamos), puede ser un contacto de muchas horas (conocemos a amigos de amigos en fiestas, pero después perdemos contactos) o puede ser un vínculo duradero de muchos años. Incluso puede ocurrir que la persona que conocemos nos atraiga eróticamente y se empiece a formar un vínculo que irremediablemente termina en lo que tratamos de definir en este libro como amor.

Pero para que eso acontezca, es menester que esa persona ensamble en un esquema nuestro que dictamine qué es lo atractivo y qué no lo es. Por más que nos duela saberlo, si alguien nos enamora es porque primero nosotros sentimos un placer inexplicable al ver a esa persona. Por eso hablo de una paradoja: porque en el apartado anterior te dije que el amor es siempre arrojo hacia afuera de nosotros mismos, pero ese arrojo se da desde un "yo", y ese "yo" tiene sus preferencias, sus gustos, sus prejuicios, sus moldes de ensamble.

Unos párrafos arriba, yo te decía que no es requisito indispensable para enamorarse el haberse amado a uno mismo, porque no teníamos una definición concreta del "uno mismo". Pero tenemos que afirmar que siempre que ames, amarás desde un "yo" que juzga, que se aleja, que se acerca y que entiende el mundo y las personas desde una subjetividad irrenunciable. En otras palabras, si Pedro se enamoró de Alejandra es porque Alejandra *ensambla* con lo que Pedro buscaba, pero no podría encontrar en su soledad. ¿Ensambla Alejandra perfectamente en la búsqueda de Pedro? Desde luego que no y es por eso que surgen las diferencias y los problemas en la pareja, pero ella se parecía bastante a lo que él buscaba y no terminaba de definir en sus intuiciones. Por eso Pedro la ve y la reconoce. Por eso Alejandra ve a Pedro y siente que él es eso que ella buscaba. Hay una identificación, hay una búsqueda que encuentra un destino. No hay una acción forzosa de ensamble basada en bombones y serenatas de madrugada, sino un reconocimiento de algo que ya se sabía y se identifica al conocerse.

> "Siempre se ama desde una subjetividad irrenunciable".

Cuando amas, amas desde un "yo" que desea. Con el paso del tiempo ese "yo deseante" puede amar más porque cada vez se profundiza más en lo buscado, pero también puede ser que se ame menos porque la otra persona se aleja de lo que ese "yo" buscaba. Incluso puede pasar que ese "yo" cambie y ya no busque lo que buscaba en el otro. Es más, puede ocurrir que el "yo deseante" cambie y la persona deseada también, generando eso un alejamiento definitivo o un acercamiento aún más fuerte en el medio del cambio.

Pero siempre que se ama, se ama desde una tradición, desde una historia, desde una búsqueda, desde un esquema y desde un deber-ser. Amar es amar desde un "yo" y cuando la persona amada ya no ensambla con el "yo", el amor puede empezar a agonizar.

La causa del amor, ¿es la búsqueda de la plenitud?

Se ha escrito mucho sobre el enamoramiento, esas horas posteriores a la seguridad de un amor correspondido. Se han pintado cuadros, escrito poemas, compuesto canciones con esa sensación de regreso a casa con la convicción de que se encontró el amor. Si entrevistáramos a esa persona que está regresando unas horas después de atravesar la inauguración de un enamoramiento, la palabra que usaría para definir lo que está sintiendo es "plenitud".

Sería terrible refutar esa palabra. No queremos arruinarle su regreso a casa, pero la plenitud durará poco; y si dura mucho, no será para siempre.

La plenitud es la sensación provisoria de no necesitar nada. El recién enamorado se siente lleno, pleno. Si se siente pleno, ¿ya no necesita más nada? Si no necesita más nada, ¿es amor realmente? Esta es la secuencia de preguntas que alguien se hace cuando terminaron los primeros meses de relación y de a poco el mundo circundante y sus rutinas amenazan con los primeros hostigamientos a la pareja.

El amor no es ni plenitud ni sensación de vacío, el amor está justo en el medio de ambas cosas. Platón lo analiza muchísimas veces en *El Banquete*, libro que te recomendé al principio. Allí dice que el enamorado sabe que algo lo ha tocado y no está en el vacío, pero también sabe que alguien le falta, por eso comienza la búsqueda de ese alguien. La mejor metáfora la encontraron los griegos con la flecha de Eros –Cupido para los romanos–, ya que el que ama está herido.

El que ama se siente poseedor de algo que no le pertenece porque no lo buscó. Al no pertenecerle, lo turba tener algo que no es de él, pero a la vez lo quiere por la sensación que le ocasiona. Casi es imposible encontrar una persona que prefiera no haber sentido nunca amor. Con todo el dolor e incomodidad que acarrea, es siempre preferible sentirlo a no sentirlo. Y la clave de esa preferencia está en la sensación de plenitud que ocasiona.

No-Ser: ¿Qué no es el amor?

"No tengo tiempo para el amor"

En el capítulo inicial decíamos que un requisito indispensable para hablar de amor es el deseo. Sin deseo no hay amor, eso nos lleva a la deducción lógica de que si el amor se plantea desde la ausencia del deseo es simplemente una farsa. El objetivo de este capítulo es detectar lo que no es amor, pero sobre todo cómo se camufla el no-amor entre opiniones que no terminan de reconocer la ausencia del amor.

La frase "no tengo tiempo para el amor" se escucha con mucha frecuencia. Si alguien la enuncia con convencimiento, puede que legítimamente esté muy ocupado (lo cual no solo invalida su posibilidad de enamorarse, sino de todo cuanto sea distensión en la vida), o puede que no sienta deseo por aquella persona que le propuso iniciar una relación.

Más de una vez noté que ese tipo de declaraciones se toman

como válidas y se admiran. No entiendo por qué se admira a alguien que no tiene tiempo, pero intuyo que es porque hace muchos años se volvió virtud eso de "vivir al límite". Vivimos ocupados y nos enorgullece decir que estamos ocupados. "Yo iría a tu fiesta, pero no doy más con el trabajo, ¡aún así te deseo que la pases bien!", dice alguien al mandar un audio justificando su ausencia cuando ya encargaste las gaseosas y los sánguches de miga.

La forma de pertenecer a esta sociedad es estar ocupados y nadie se detuvo a pensar que la pertenencia no tenía medida. No es lo mismo estar ocupados como forma de integrarnos en el *todo social* (lo cual es incluso el ABC de la dignidad laboral) a estar todo el día ocupados de modo enfermizo. Está tan bien visto el ser humano ocupado, que se normalizó la idea del *super-humano* ultra ocupado. Ese personaje casi teatral, que anda con dos celulares y dos bolsos, que trabaja diez horas, pero también medita, repite frases motivacionales y va al gimnasio a liberar tensiones. Si fuera parte de una diversidad en las grandes ciudades, no tendría nada de llamativo: el problema es que se presenta como el único modelo de vida posible en el siglo XXI. Si se pretende imponer un único modelo de vida, la filosofía tiene un rol en esa propuesta y ese rol es cuestionarlo.

A mi juicio, es un error pensar que vivir así está bien. Porque si estás todo el día consagrando tu desgaste físico, mental y espiritual al éxito, es inevitable que te pierdas mucho de lo simple de la vida, por ejemplo, el amor.

El amor necesita tiempo; parece un cliché, pero para amar necesitas horas. El enamorado quiere momentos de la otra persona y quien no puede dar tiempo, no puede amar. Esto aplica también a los restantes tipos de amor que no analizamos en este libro: *dar amor implica dar tiempo, porque el tiempo es vida y la vida se nos va en el amor, acaso del mejor modo posible.*

¿Cómo resolver este problema? No tiene ni tendrá solución, porque cada vez tendremos menos tiempo en este mundo, y cada vez será más nebuloso el concepto de amor en la sociedad. Pero tal vez puedas escapar a la avalancha de apurados, de ocupados, de los profetas del "no tengo ni un minuto", y te detengas a sentir más allá de tiempo. El que ama desea tiempo y si alguien argumenta no tener tiempo para amar, es un adicto a la productividad o, simplemente, miente.

> Dar amor implica dar tiempo, porque el tiempo es vida y la vida se nos va en el amor, acaso del mejor modo posible.

La media naranja no es amor

En *El banquete* asistimos al discurso de Aristófanes y allí encontramos un relato extraño pero muy inmerso actualmente en el ideal popular: al parecer, en un comienzo, éramos andróginos y fuimos separados bruscamente. Esa separación violenta generó la necesidad de reencontrarnos con la otra mitad que nos falta y nos pasamos la vida entera buscándola.

Podríamos decir (sin demasiada rigurosidad histórica) que el primero en anticipar la teoría actual de la *media naranja* fue Aristófanes. La *media naranja* es la suposición histórica de que cada uno de los seres humanos tiene una persona exacta que ensambla en su vida. Es la creencia casi mitológica de que no descansaremos hasta encontrar a quien nos corresponde de modo perfecto. Este pensamiento está muy en crisis, pero no podemos negar que muchos se enamoran buscando que la otra persona sea *la persona* que siempre buscaron.

Pero, ¿el amor es buscar lo que me falta?

Si coincidimos con Aristófanes, tendremos que admitir muchas cosas que no es deseable admitir, por ejemplo, que nuestra felicidad amorosa dependerá de encontrar sí o sí a la persona exacta. Pensar de ese modo no parece muy profundo, ya que los seres humanos podemos alcanzar una plenitud sin depender de alguien que sea esa otra mitad buscada. Pero también es verdad que necesitamos de los otros para ser felices. No se puede ser feliz en soledad, y *la otredad* es parte de la felicidad. Lo triste sería que nuestra felicidad dependa de una única persona que sospechamos (acaso ficticiamente) que nos conoce desde los comienzos mismos del mundo. Eso parece absurdo, incluso peligroso.

Pero, ¿el amor es buscar lo que me falta?

¿Por qué sospecho que es peligroso admitir como verdadera la teoría de la media naranja? Porque no existe "el uno para el otro", lo que existen son dos individualidades que deciden unirse, fundirse y *con-fundirse* por sentir que están mejor juntos. Pero la madurez de la relación dependerá de que ambos puedan seguir solos si el amor se termina. Es peligroso si no se entiende que el amor es admitir los riesgos de convivir con una otredad y aprender del otro mientras se lo ama, pero sin un ensamble perfecto como imperativo. Si dos objetos ensamblan es porque uno necesita del otro para ser pleno y eso significa que siempre será una mitad si no encuentra al otro. Allí radica lo peligroso, ya que no deberíamos ser plenos por un otro, sino por nuestra búsqueda personal de plenitud.

> No existe "el uno para el otro", lo que existen son dos individualidades que deciden unirse, fundirse y con-fundirse por sentir que están mejor juntos.

Si solo se busca vivir el presente, no es amor

Somos presente, no más que eso. Tal vez una de las cosas más analizadas en la historia de la filosofía ha sido el tiempo. Por ejemplo, Aristóteles lo define como *"el número del movimiento según el antes y el después"*.[7]

Sin desafiar a ese maestro de la filosofía, añadiremos que el tiempo se manifiesta en un presente que se vuelve pasado para seguir sosteniéndose en su condición de presente. El pasado existe en tanto haya personas que lo sostengan con su memoria (sin memoria el pasado se pierde irremediablemente) y el futuro tendrá la forma que le demos: forma de esperanza, forma de incertidumbre, forma de pesimismo, etcétera.

Como el futuro es siempre una conceptualización del presente, más de una vez caemos en el mito de que enamorarse es no pensar en el futuro. Esto no es ni bueno ni malo, es solo incoherente.

---

7   Aristóteles, *Física*, Libro IV, 219b.

Si afirmamos que el enamorado siente algo incontenible, lo que más desea es tiempo con la persona y eso automáticamente lo saca de la simple vivencia del presente para proyectar un futuro. En ese futuro el enamorado siente deseos de repetir infinitos presentes como el actual. Algo parecido a lo que sostenía Nietzsche cuando hablaba del *eterno retorno*. Nietzsche sostiene que siempre vivimos hacia un futuro y no deseamos detenernos en el presente, pero nos desafía a vivir en el presente con la siguiente suposición: Imagina que *"esta vida, tal como la vives ahora y la has vivido tendrás que vivirla no solo una, sino innumerables veces"*.[8]

> El futuro tendrá la forma que le demos: forma de esperanza, forma de incertidumbre, forma de pesimismo, etcétera.

A menudo me pregunto si yo querría vivir este presente por siempre. Si este presente me plenifica y me agrada, desde luego que querría repetirlo; pero si no lo siento así, ¿no preferiría abandonarlo en pos de un futuro prometedor?

Abro esa pregunta a ti, mi querido lector: ¿querrías vivir este presente por siempre? ¿O preferirías abandonarlo?

La persona que se enamora auténticamente aceptaría la propuesta nietzscheana y querría vivir lo que siente *"una, otra vez y aún innumerables veces"*. Pero bien sabe que, si se detiene en el tiempo, su amado/a se irá. Por lo tanto, los que aman siempre van hacia un futuro. La propuesta "vivamos el presente y después

---

8   Nietzsche, F.: *La ciencia jovial*: Libro IV, fragmento 341.

vemos qué hacer", denota falta de amor,[9] porque amar es aferrarse al presente y querer que el futuro siga con esa persona. El amor es ambas cosas: presente que inevitablemente desea un futuro.

> El amor es ambas cosas: presente que inevitablemente desea un futuro.

Un "metejón" no es amor

En una memorable clase hacia el final de la Carrera de Filosofía, uno de mis maestros dijo: "Si quieren educar, tendrán que acostumbrarse a dar razones, porque *la educación siempre debe dar razones de sí*".

Durante todos mis años en las aulas traté de dar razones. En la actualidad sigo enseñando en formatos presenciales y virtuales y siempre busco que cada cosa que digo, cada opinión que arrojo y cada decisión que tomo, pueda dar razones de sí. Si explico un determinado filósofo, también explico el porqué de mi explicación, si tomo examen escrito u oral, también me preparo para justificar mi accionar y dar razones que expliquen lo que hago.

En el amor pasa lo mismo: uno está enamorado cuando puede dar razones de que lo está. No importa si esa razón es una convicción subjetiva, no importa si esa razón es afirmar: "lo que me pasa es real y lo sé", pero el que ama, sabe que está amando y puede

---

9   Para profundizar esta idea, recomiendo el primer capítulo del libro *El amor líquido* de Zygmunt Bauman. Cuando habla del amor, aporta una idea inquietante: *"El tiempo que transcurre nunca es tan breve como para permitir que la persona que pregunta y la persona que responde sigan siento, en el momento de la respuesta, los mismos seres que en el momento en el que se formuló la pregunta".*

decir las causas de verse enamorado. Si no puede justificar lo que le pasa, lo que se siente es un enamoramiento irracional o (como le decimos en Argentina a un *"crush"*): un "metejón".

El metejón es la parodia del amor, es el enamorado corriéndose para que entre en escena el absurdo de querer ser y no poder. Es quien sostiene que está enamorado cuando conoció a la persona hace tres días, es quien dice que ama indefinidamente porque le gustan los ojos o la forma de hablar. El enamorado real apunta a una totalidad, el que atraviesa un metejón recorta un aspecto de la persona y concentra todo su impulso en ese aspecto.

> ## El metejón es la parodia del amor.

Pero el amor comienza siendo un poco parecido al metejón, eso no podemos negarlo. Hay algo de metejón en la etapa de enamoramiento.

Sería absurdo negar que quien se enamora auténticamente siente todo muy nuevo, muy extraño y muy nebuloso. Los primeros días del enamorado están sutilmente marcados por el pensamiento permanente, la insistencia en saber de la otra persona, y el conteo de horas para volver a verla. Pero eso no durará mucho y el amor no puede agotarse en esas ansiedades.

A la persona enamorada le gusta la totalidad. Siente que no puede esperar, pero prefiere esperar porque es consciente de que lo que siente durará bastante más tiempo que un metejón.

> A la persona enamorada le gusta la totalidad.

El metejón puede derivar en amor, pero no es amor si permanece en su estado inicial. Quien solo se concentra en lo físico de alguien, en su forma de hablar o en el impulso que siente mientras lo ve sonreír, no está enamorado. Simplemente atraviesa una excitación provisoria que no es amor.

El amor proviene de múltiples fuentes de nacimiento: a veces del atractivo físico, a veces de la ausencia que valora, a veces de la ruptura, y a veces del metejón; pero el enamorado auténtico va detrás de un sentir pleno que exige del otro *una totalidad* que persuada y convenza.

El metejón dura poco, el amor también puede durar poco, pero son radicalmente diferentes en sus objetos de búsqueda. El metejoneado no ama porque busca liberar dudas acerca de un sentimiento que lo obnubila, el enamorado desea eternidad, aunque sospecha que jamás la alcanzará, porque ni los enamorados ni lo que sienten son eternos.

La costumbre no es amor

El amor *eros* deriva en amor *philía* (amistad) y con el tiempo en amor *ágape* (amor incondicional) ¿Por qué hago referencia a esto? Porque es imposible que el amor *eros* sostenga sus primeros impulsos intactos con el paso de los años. Tiene que evolucionar y su modificación es ampliación.

Pero si el amor derivó en una amistad sosegada, tímida y repetitiva, si ya no conserva ni un solo detalle de *eros*, el amor dio paso a la costumbre.

Imagina el mejor lugar del mundo para veranear. Siente su sonido de paz, relájate mirando la nada y olvida que existen dispositivos digitales mientras lo saboreas, porque al ser tan paradisíaco, ni siquiera tiene conexión a internet. Ahora piensa que habitarás allí toda tu vida, sin moverte de ese lugar. Que ese sillón en la arena será tu hábitat permanente, que no podrás acceder a ninguna conectividad, porque repetirás esa belleza todos los días y la paz de mirar el mar será tu pan de cada día. No más oficina, no más trabajo de ocho horas, toda tu vida será mirar el mar una y otra vez.

> Pero si el amor derivó en una amistad sosegada, tímida y repetitiva, si ya no conserva ni un solo detalle de eros, el amor dio paso a la costumbre.

Es probable que ese escenario repetitivo y monótono te parezca al principio un lugar perfecto, pero con el paso de las horas lo sentirás tremebundo si toda tu vida será apenas eso. Es raro, pero el placer tiene un límite, ya que su repetición empalaga.

Ahora, déjame preguntarte: ¿no repites todo el año que no quisieras estar en tu trabajo y preferirías estar en una playa paradisíaca abanicándote con los diplomas de tus logros? ¿Por qué sientes que ese placer sería genial y a la vez no quisieras vivir así toda la vida? Sencillamente porque *lo sublime cansa.*

Todos los excesos cansan, incluso los excesos de placer. Lo has comprobado muchas veces: el placer extremo, si dura mucho, cansa. Esto nos lleva a una pregunta inevitable: el enamoramiento permanente… ¿cansa? Tal vez no canse, pero deviene en *costumbre*, algo que no debería asustarnos, pero que hoy es tomado (más de una vez) como causa definitiva de ruptura.

El placer tiene un límite, ya que su repetición empalaga.

Epicuro analiza el placer[10] y afirma que donde reina el buen juicio y la felicidad, allí hay una vida placentera, porque una buena vida es placentera sí o sí. Es por eso que la pregunta que queda en el aire es: ¿si el amor deja de ser placentero, deja de ser amor? ¿Es de buen juicio insistir en lo que no da placer? Y si partimos de la premisa de que la costumbre ya no es amor, ¿tendremos que inferir forzosamente que el amor es el placer de estar enamorado y nada más?

El amor puede dejar de ser placentero, pero esa situación no puede perdurar. Se pueden combatir las rutinas, las diferencias y lo negativo de la otredad con conversaciones, con silencios y con entendimientos. Hay heridas mortales que deben poner fin al amor, lo sé, pero si expulsamos automáticamente lo que no nos da placer estaremos inmersos en el consumo provisorio del otro, no en el amor.

En estos tiempos de pura positividad el otro no existe para el ego que se sumerge en la productividad, en el consumo y en el descarte de lo negativo. Es tanto el encierro egocéntrico del yo, que el otro carece de lugar.[11] El amor es misterio y dudas,

---

10 Epicuro, *Carta a Meneceo*. Allí dice: *"no puede llegarse a la vida feliz sin la sabiduría, la honestidad y la justicia, y que la sabiduría, la honestidad y la justicia no pueden obtenerse sin el placer".*

11 Es interesante el análisis que hace Byung-Chul Han en su libro *La agonía del eros* sobre esto que se menciona. Sugiero al menos repasar el capítulo uno, titulado: "Melancolía".

incertidumbre y angustia; cualidades de negatividad que el sujeto actual no quiere afrontar. ¿Para qué sentir angustia si puedo tener solamente placenteros momentos con otro, y volver a mi egocéntrica vida? Esa es la pregunta que se hace hoy el sujeto que no se enamora, porque afirma carecer de tiempo para el amor.

> Si expulsamos automáticamente lo que no nos da placer estaremos inmersos en el consumo provisorio del otro, no en el amor.

No me resigno a un amor que dure poco por disminuir su intensidad, pero tampoco quiero entrar en la inocencia de análisis que lleva a denominar como "amor" todo sentimiento positivo que se tenga por el otro. Las buenas vibras y los buenos deseos no son suficientes para amar. El amor eros tiene determinadas características y, si bien es lógico que evolucione y sea móvil, es posible que termine, es posible que tenga un fin. Aunque también y –aquí está la buena noticia– es posible que continúe, persista y luche contra el tiempo, cambiando sus aspectos periféricos y fundacionales, pero sosteniendo características básicas que nos permitan seguir llamándolo amor. En otras palabras, el que se equivoca puede cambiar, el que quiere quedarse encerrado en casa puede empezar a salir a pasear; el que siempre quiere salir, puede encontrar en el hogar un momento para compartir.

Sospecho que el amor evoluciona y lo que esta sociedad hedonista rotula a priori como *costumbre* puede ser el camino hacia una redefinición del eros. Una forma distinta y madura de rever lo que sentimos, sin renuncia automática ante el primer día en que no sentimos lo mismo que ayer.

El apego no es amor

Hay que huir de la frase "no puedo vivir sin ti". Sobre todo, hay que huir de las personas que dicen esas frases con convicción.

Vivir sin el otro es lo habitual, si bien sabemos que el otro es imprescindible para mi propia realización, también comprendemos que la soledad es el status original del ser humano. Por eso no hay que temerle a la soledad, y con mucha más razón si no se ha encontrado a la persona correcta para contrarrestar esa soledad.

> No hay que temerle a la soledad.

La soledad es el momento en el cual la vida se sincera con nosotros, allí no hay ruido, allí no hay éxtasis, ni euforia. Es ese silencio escrutador que conecta nuestra conciencia con lo que fuimos, somos y tal vez seremos, está la verdad. Si en ese momento, el silencio te sabe a paz, eres una persona plena. Si en ese momento quieres volcarte compulsivamente al celular, a la música fuerte, a la noticia del día o a una persona que al menos esté por estar, realmente debes preocuparte porque eres candidato a decirle a cualquier persona: *"no puedo vivir sin ti"*.

La vida no puede centrarse en un *otro*, es cobardía eso de que no se puede vivir solo. En este libro defendemos la soledad como un valor muy importante, sobre todo cuando todavía no hay un *otro* que quiera derribar nuestra soledad. Estar solos es lo mejor que nos puede pasar si no encontramos con quien estar cómodamente. Es más, si todos desarrolláramos el diálogo pacífico y sincero con nuestro interior, habría menos personas que digan compulsivamente: *"no puedo vivir sin ti"*.

Es verdad que la autorrealización implica al otro, pero no se puede enajenar toda la responsabilidad de ser, en el espejo de la aceptación permanente del otro. El apego es un peligro porque somos individuos, no somos dos en uno. Nadie es de nadie y en el amor no hay propietarios. Aquellos que se creen dueños de algo, viven el peor de los engaños. *Solo en el dejar-ser, en la libertad del otro, en el regreso voluntario al día a día, podemos deducir un auténtico amor.*

> Solo en el dejar-ser, en la libertad del otro, en el regreso voluntario al día a día, podemos deducir un auténtico amor.

Los celos no son amor

Los celos no tienen nada de bueno. Surgen de modo espontáneo, pero no son requisito *sine qua non* para poder convencernos de que hay amor. Sería absurdo plantear un mundo sin celos porque el ser humano es posesivo, pero si no se tiene en cuenta el peligro que ello conlleva, las consecuencias son todas negativas.

Los celos existen, no partamos de su anulación porque no seremos rigurosos en el análisis, pero como esto es un ejercicio filosófico, veremos cuál es su causa y la necesidad imperiosa de controlarlos. Si no somos claros en cuanto a los celos y los riesgos que acarrean no dominarlos, las consecuencias pueden ir desde la pérdida de un vínculo que amamos, hasta situaciones mucho más preocupantes.

Desterremos el mito de que el que ama sí o sí es celoso. El que ama tiene dos sentimientos encontrados: por un lado, se siente poseedor de un cielo que no esperaba, pero por el otro está asustado por la posibilidad de perder lo que encontró.

El problema es creer que tenemos algo. Los celos son el resultado de pensar que poseemos a las personas. Alguien pensó alguna vez que el otro era nuestro, que el otro nos pertenecía, pero en verdad nadie pertenece a nadie. Cada ser humano es de sí mismo, no existen *"mi"* novia, ni *"mi"* pareja, ni *"mi"* esposo. Ese *"mi"* posesivo es mentiroso, porque nadie es de nadie. El amor verdadero se potencia en la siempre posibilidad de que el otro parta, por eso quien se cree la mentira del *"mi"*, cree que puede frenar rupturas, que puede celar y controlar, porque se engañó pensando que era dueño de alguien o de algo. Además, el que se cree dueño cosifica a su pareja. La vuelve un objeto que puede ser controlado. Si hay cosificación, hay anulación de la libertad (el objeto no es libre, sino que siempre es manejado por alguien libre), y nada bueno puede surgir de la cosificación.

> Los celos son el resultado de pensar que poseemos a las personas.

Alguien podría contradecir lo que afirmamos en este apartado sosteniendo que el eros quiere exclusividad, y por lo tanto es lógico que sea celoso. *Es verdad, una de las cualidades del eros es el deseo posesivo del otro, pero eso no constituye una característica admirable, ni mucho menos digna de ser promovida.* Quien se enamora quiere capturar ese momento para siempre, quiere capturar la experiencia, quiere frenar el devenir para que el futuro no llegue sin la persona amada; pero, sin darse cuenta, cosifica al amado en esa decisión. "Quiero que siempre seas mía" dice el enamorado, pero no advierte que le está quitando entidad a la persona amada, lo cual prepara el camino para el no entendimiento del otro en su plenitud.

> El que se cree dueño cosifica a su pareja.

Debemos aprender a valorar el silencio y la soledad del otro. Es bueno que la otra persona tenga un buen vínculo con su soledad, consigo mismo. Es admirable que tome café en la ciudad, que se encuentre a sí mismo/a haciendo gimnasia o con sus amistades. En el aburrimiento del otro, en su libertad plena y en su soledad se manifestará la verdad de su vida. Si formas parte en esa verdad, seguirá contigo. Si pretendes el control estricto por miedo, la cosificación será inevitable y será muy triste convertir en cosa a quien siempre amaste por su libertad.

El "amor platónico" no es amor

Si bien hemos desarrollado en este libro algunas de las ideas de Platón sobre el amor, somos conscientes de que la mayoría de las personas tienen una versión errónea del "amor platónico". Profundizaremos en esa idea para darnos cuenta de la necesidad de no caer en sus falsedades.

Popularmente se piensa que el amor platónico parte de una

distancia irreconciliable entre las personas implicadas. Por lo general, es una sola la persona que lo siente y la otra ni siquiera se entera. El caso más emblemático es el del famoso de una gran belleza que es admirado y deseado a distancia por alguien que lo venera. La persona ve en esa celebridad un ideal inalcanzable, entiende que realmente no hay forma de llegar a ella y, además, no le ve defectos. Esa imagen límpida de su persona no se condice con la verdad (todos los seres humanos tenemos defectos) y el que admira de lejos siente una atracción irresistible ante la perfección ficticia del venerado, no ante su realidad.

Con esta descripción ya podemos deducir que el "amor platónico" no es amor. Al contrario, es un mero deseo sin objeto concreto que acontece en la mente del que admira de lejos, sin presencia de la otredad. Al no existir esa otredad (sencillamente porque no hay contacto humano) la creatividad del que admira da rienda suelta a suposiciones que perfeccionan al admirado.

El amor implica una aceptación del otro, si no hay otro real no hay amor. El amor platónico no tiene un otro real, por lo tanto, no es amor.

> "El amor platónico es un mero deseo sin objeto concreto".

El amor de telenovela no es amor

En el "amor de telenovela" los protagonistas luchan durante todos los episodios por conseguir lo que el entorno impide: vivir el amor con libertad. "Los que no son como nosotros no entienden el amor", le dice ella a su enamorado. Cada capítulo mantiene la tensión porque peligra el destino juntos, pero el televidente sabe que el beso final llegará. El hábito diario o semanal de ver la novela implica acompañar día tras día un proceso que terminará en lo que el espectador desea, pero aun así, se juega a creer que no sucederá.

El amor de telenovela tiene dos peligros: el primero es suponer que el amor nunca se concreta porque el entorno no quiere, exonerando a los partícipes de su responsabilidad total de luchar por lo que desean. Y por otro lado, la idea de que la sensación que se tiene en la boda o en el primer mes de convivencia es lo que acompañará todos los días a la pareja. Los enamorados se besan en el capítulo final y el director hace una toma aérea mostrando una casa de campo en la cual todos festejan el comienzo de una vida feliz. Nada de eso dura demasiado, pero se han formado generaciones enteras con esa falsa ilusión. El problema es que el amor es más que eso, es el beso romántico convencido y a la vez el silencio ante las dudas cotidianas; es el abrazo profundo de un comienzo y la mano tendida después de varios años de caminar juntos; es la toma aérea pero también es la cercanía de plano que desnuda nuestros peores momentos juntos.

> El amor es el beso romántico convencido y a la vez el silencio ante las dudas cotidianas.

La idealización del amor nunca muere. Tal vez hoy no sea masiva la proyección de ese ideal en telenovelas, pero continúa en series y en el discurso que nos contamos de la vida de nuestros pares. A eso hay que sumarle la idealización permanente de los primeros siete meses del amor que abundan en los posteos de influencers, gags de stand up y debates de streamers matinales. Todo conduce a un mismo error: el amor es siempre algo que no ocurre cuando va a ocurrir. Sospecho que esa forma de ver el amor desde un ideal sin los pies sobre la tierra no morirá, aunque esté equivocada.

CAPÍTULO 4

El amor en la mira: Los pactos

Un pacto es un acuerdo. Los seres humanos podemos dialogar entre nosotros y acordar de antemano una fijeza repetitiva futura en nuestros actos. Si acuerdas encontrarte con alguien a las 9 de la noche, tu puntualidad ya está capturada de antemano. Es decir que en los pactos nos predestinamos y hacemos de nuestro futuro algo que no se puede cambiar. Cambiarlo sería una traición, una falla o una infidelidad al pacto.

En el amor, los pactos son conceptualizaciones porque le ponemos nombre a cada uno de ellos. No es lo mismo ser novios que ser una pareja ocasional. Lo que determina las actitudes futuras de la pareja, en cada caso, es el acuerdo previo que casi nunca es explícito, sino más bien implícito. En otras palabras, nadie dice: "Oh, querido Antonio, vamos a iniciar de modo solemne este *touch and go* durante este fin de semana en el que ambos estamos de licencia". Sencillamente el *touch and go* arranca, y el fin de semana también.

> Los pactos son conceptualizaciones porque le ponemos nombre a cada uno de ellos.

Conceptualizar es capturar. Si necesito armar un concepto de una silla, debo mirar muchas sillas y captar su esencia, aquello que hace de modo irrenunciable que una silla sea tal. Si en mi definición no entran las patas ni la posibilidad de que alguien se siente, no tengo capturada a la silla en mi concepto. Una vez que defino con eficacia, encapsulo a todas las sillas que me encuentre en mi vida bajo ese concepto. No importa si las que me encuentre serán de madera, de plástico o de caño; siempre cuando vea una silla, la reconoceré por esa captura conceptual que hice anteriormente.

En el amor, los conceptos dan seguridad. El que arma un concepto encapsula el vínculo porque precisa seguridades que solo el concepto puede ofrecerle. "¿Qué somos?", le preguntaba Pedro a Alejandra y ella no sabía bien cómo definir.

El concepto es frío porque rotular impide la incertidumbre, y lo que siempre promete ser igual no emociona, pero da seguridad. Ese exceso de seguridad que nos brinda le cierra las puertas a la perplejidad y a la sorpresa. A medida que el concepto avanza, a medida que todo el mundo ya sabe cómo rotular a dos personas, lo que fue incierto y fulgor se vuelve común, predecible y conceptual. ¿Significa esto el fin del amor? Para nada, pero sí podemos advertir que la costumbre espera agazapada a la vuelta de la esquina.

> En el amor, los conceptos dan seguridad. Pero un exceso de seguridad no emociona.

Es por eso que analizaremos las conceptualizaciones más conocidas. La idea es entender por qué las buscamos y cuáles son sus alcances.

El amor de ocasión o toach and go

¿Es amor si dura poco? No lo sé con exactitud. En todas las definiciones de amor que traté de analizar, la durabilidad no era un atributo esencial. El amor acontece y ese acontecimiento no tiene un tiempo mínimo establecido, porque lo que importa es el acontecimiento, no la duración de ese evento.

Es verdad que para hablar de amor tenemos que asociarlo al conocimiento de la otra persona. No hay amor si no se conoce al otro. De ahí que inferimos que el amor tiene que tener al menos una duración similar a la de conocer a alguien en sus facetas principales. Si dos personas viven encuentros ocasionales, no hay un descrédito a priori de que haya existido amor, simplemente podemos afirmar que, a mayor tiempo de conocimiento, mayor despliegue de posibilidades de amor. Si el vínculo duró un fin de semana, podemos deducir que no tuvieron mucho tiempo para conocerse, pero ¿quién sabe si en esas horas no descifraron lo fundamental de cada uno? Agregaremos también que muchas veces las parejas de muchos años no se conocen bien, y que más de una vez la abundancia de conocimientos sobre la otra persona deriva en desamor.

Los vínculos ocasionales tienen altísima probabilidad de ser solo vínculos efímeros, porque el amor implica tiempo. Pero tenemos que admitir que en el siglo XXI son mayoría, como en la novela *Un mundo feliz*, de Huxley. En ese "mundo feliz" (en el cual los habitantes no amaban de modo tradicional, sino que disfrutaban del erotismo pasajero)[12] el pacto era la no objeción y las pastillas de *soma* garantizaban que esos planteos no surgieran. Nada por objetar ante algo acordado de antemano, pero si llegó con fugacidad, es casi imposible que no parta con velocidad.

> No hay amor si no se conoce al otro.

En el *touch and go* se despliega la necesidad de vivir intensamente el fragor del amor. Lo que no será se manifiesta en un tiempo breve que es ser y no ser. El *touch and go* es cobardía y audacia, es velocidad y noches de recuerdo, es espuma y placer extremo, es anécdota que miente muchas veces porque idealiza lo que no fue tan así. Pero nadie puede sentar sus bases de vida en una sola noche, por lo tanto, podemos afirmar que este tipo de vínculo es más que promesa sin cumplimiento, dulce ilusión de pareja o momento sepultado en el olvido.

La relación sin convivencia

Ya que mencionamos en el párrafo anterior a Huxley, recordemos que una de las cualidades de ese *mundo feliz* era que las personas vivían solas en monoambientes. Es notable cómo se narra en una novela publicada en 1932 que gran parte de la felicidad

---

12   Hay varios ejemplos en la novela de este tipo de vínculo. A modo de ejemplo citamos el romance entre Lenina y Henry Foster, mencionado con detalles en el capítulo III de la novela.

se debe al fin de la familia tradicional y la decisión de vivir en soledad.

Esto da paso a nuestra reflexión sobre el amor a distancia en la misma ciudad, o bien a las personas que inician una relación formal, pero sin vivir juntos. Cada uno en su respectiva casa, ambos viven solos, pero no desean unir hogares. Muchos podrán decir: "Juan, eso es noviazgo", pero a los fines de este libro prefiero llamar *noviazgo* a dos personas que tienen un objetivo futuro de convivir juntos. Es decir que el noviazgo tiene una esperanza de convivencia por delante; en cambio, el amor sin convivencia no tiene ningún deseo de compartir ni sus muebles ni sus inmuebles.

Esta tendencia irá creciendo, a mi juicio, con mucha velocidad. La franja etaria que va de los 30 a los 50 atraviesa, por lo general, los momentos más prósperos en lo profesional. Es la edad de los éxitos, de los logros, del primer autito, etcétera. Y también se abrió todo un mercado de la diversión y de las salidas orientado a esa edad, que despeja a esa persona de sus responsabilidades laborales. Es por eso que afloran los amores con casas distantes. "Quiero que estés conmigo, pero cada uno duerme solo", y ese modelo ensambla perfectamente en una etapa en la cual, por lo general, se tienen hijos adolescentes de relaciones anteriores, se vive en permanente estrés laboral y se afrontan desafíos cotidianos que desgastan.

> El amor sin convivencia no tiene ningún deseo de compartir ni sus muebles ni sus inmuebles.

El amor sin convivencia vino para quedarse porque el mundo de hoy está diseñado para los que se obsesionan con sus profesiones, buscan logros individuales y no tienen tiempo para "soportar", en las pocas horas de hogar, la otredad de un otro que siempre interpela. Pero también se quedará porque nadie quiere renunciar a las mieles del amor: a la cena juntos, al erotismo y a los disfrutes sin la ardua convivencia.

En el fondo, es una cuestión de aceptación de la otredad. El que encara este tipo de relación asume que precisa del otro, por eso ama; pero limita su espacio. Necesita ese lugar a solas al dormir, porque en el pasado ya experimentó la convivencia y prefirió dejarla. Pero sabe que el amor es inevitable y que otra persona puede ayudar a que sus días sean mejores.

> El enamorado sabe que el amor es inevitable y que otra persona puede ayudar a que sus días sean mejores.

El noviazgo

El noviazgo, tal como lo entendemos en la actualidad, no tiene muchas décadas. Esto se debe a que este tipo de vínculo, a mi juicio, necesita de la soledad de los partícipes para alcanzar su esplendor. En las sociedades puritanas de hace unas pocas décadas atrás era inadmisible la soledad de los novios, por lo tanto, existían, desde luego, vínculos previos al matrimonio, pero no eran novios con todas las letras.

El noviazgo real es una esperanza, es una preparación para algo más, ese algo más puede ser la cohabitación o el matrimonio.

No hay noviazgo real sin dos cualidades elementales: la libertad de seguir viviendo cada uno su vida individual con autonomía y vigor, y la esperanza de estar juntos bajo el mismo techo alguna vez. Si el noviazgo se transforma en un vínculo de muchas horas de convivencia que se combinan con fugaces momentos para estar con los amigos individuales o para el desarrollo profesional, deja de ser noviazgo y es una convivencia con techos distintos. El auténtico noviazgo es el disfrute del *"ahora sí*, pero *"todavía no"*. Si el *"ahora sí"* se vuelve un *"ahora todo el día"*, se terminó el noviazgo y dio paso a otra cosa.

> El noviazgo real es una esperanza, es una preparación para algo más, ese algo más puede ser la cohabitación o el matrimonio.

El noviazgo necesita valoración social de la adolescencia. En una sociedad que no valore lo adolescente no habrá noviazgos posibles, porque la mayoría de las personas afronta sus noviazgos en la juventud. Desde luego que pueden existir noviazgos en la adultez, pero me atrevo a afirmar que tienen otra intensidad ya que la experiencia trae consigo la cautela de quien ya vivió otros momentos en el amor. El noviazgo juvenil cree, y cree mucho: ese es su esplendor y esa es su fragilidad también.

Los novios miran siempre hacia adelante, pero su principal cuidado debe ser mirar al costado. Si el vínculo se vuelve muy absorbente, y los amigos de siempre notan lejanía y distancia, es necesario replantearlo todo. Si el estudio, el grupo de pares o el trabajo no reciben la debida atención (ya que los partícipes del noviazgo pasan horas infinitas juntos) eso ya no es noviazgo, al menos en su concepto esencial. Si la pareja encuentra las claves para equilibrar su vínculo con la vida cotidiana –la cual no tiene por qué cambiar todavía– los novios encontrarán momentos sublimes de amor. Esos momentos se dan solo en el noviazgo, porque su ser se basa en la esperanza y no hay nada más deslumbrante que el amor con esperanza.

> El noviazgo juvenil cree, y cree mucho: ese es su esplendor y esa es su fragilidad también.

El matrimonio y la convivencia

El matrimonio fue considerado por años el destino único de las personas. Quienes no llegaban a ese destino eran "solterones" en el caso de los hombres y quedaban "para vestir santos" en el caso de las mujeres.

Si una sociedad arrincona a sus individuos a una institución única como destino de vida, es lógico que en esos individuos surja la necesidad automática de cumplir con ese rol social, pero también ocurre que con el paso de los siglos se logra un hartazgo de la imposición. Tarde o temprano aparecen los detractores de este pacto y hoy asistimos a lo que me atrevo a llamar *la normalización de su desacreditación*.

El matrimonio es el pacto en el cual dos personas se comprometen legalmente a vivir juntos para siempre. En su esencia fundacional confluyen dos realidades imprescindibles: certeza sobre los sentimientos del futuro (algo muy difícil de entender desde la filosofía) y deseo de compartir el patrimonio con la otra persona. Pero, ¿cómo saber lo que sentiré dentro de diez años? Es difícil responderlo, pero el que desea ingresar en el casamiento asegura tener la respuesta.

La convivencia matrimonial desoculta en sus primeras etapas las diferencias lógicas que en todo vínculo cotidiano existen. Esas diferencias conectan directamente con la realidad y pueden ser el comienzo del fin o el inicio de la admisión de la otredad.

Lo negativo existe y es parte de nuestra vida cotidiana admitirlo, el otro es siempre *lo distinto al yo*, y en el vínculo de pareja eso salta a la vista siempre. Las primeras decepciones pueden ser de profunda gravedad y eso implica la clausura definitiva, o bien desencantos solucionables. Lo que nunca debemos negar es que cualquier vínculo de amor acarrea decepciones, porque al enamorarnos confiamos mucho en la persona, ya que el amor nos sobredimensionó lo que el otro era. Es por eso que la decepción surgirá sí o sí, porque hemos puesto mucha confianza alentados por lo que sentíamos por quien no tiene por qué responder milimétricamente ante esa confianza.

> La convivencia matrimonial desoculta en sus primeras etapas las diferencias lógicas que en todo vínculo cotidiano existen.

Asistimos a una etapa en la cual el matrimonio tiene una *normalización de desacreditación*. Si bien es lógico que una institución milenaria entre en descrédito por el paso de los años, también me gusta pensar que en donde todos están de acuerdo, no hay acuerdo sino *normalización de opiniones*. Los que nos dedicamos a la filosofía no vemos con buenos ojos los consensos que no se cuestionan, que se emiten sin al menos una o dos objeciones. Generalizar que todo matrimonio es malo es absurdo. Deben existir miles de personas felices en este pacto, y admitir que muchos lo sientan así no implica abandonar los cuestionamientos que hacemos en este apartado.

No observo, desde el punto de vista del amor, ninguna diferencia entre el pacto matrimonial y el pacto de convivencia, excepto la firma (con su consecuencia patrimonial) y los compromisos religiosos (si es que lo hay). Desde el punto de vista filosófico, ambas cosas son similares en la contemplación del día a día. Si uno asiste a tomar mates con una pareja amiga, no observará ninguna característica definitiva que nos diga que ese vínculo es un concubinato o un matrimonio; definitivamente el amor y la felicidad no pasan por la institucionalización, sino por lo que ambas personas sienten y crean.

La sociedad admira la durabilidad de los matrimonios. Con cierta euforia extravagante, vemos los aplausos por las bodas de plata o de oro. Es muy llamativo que la misma sociedad que ve una obsolescencia en el matrimonio siga admirando a quienes duraron muchos años en dicha institución. Filosóficamente, nos importa siempre observar el amor en todas las formas de manifestación. Ese amor puede existir en la corta duración o en las décadas, nunca es un problema de tiempo, sino de deseo de seguir juntos y de la elección diaria de decir: "Este día nuevamente quiero estar contigo".

El amor y la felicidad no pasan por la institucionalización, sino por lo que ambas personas sienten y crean.

El poliamor

Etimológicamente *poliamor* significa "muchos amores". Es decir que sus defensores sostienen que se pueden tener muchos enamoramientos. Pero la aplicación que se le da al término no apunta a los muchos amores que se sienten a lo largo de la vida, sino a varios amores en simultáneo.

Un ser humano puede enamorarse muchísimas veces en la vida, lo que interrogaremos en este apartado es si lo puede hacer en simultáneo. Como el amor acontece en distintas etapas históricas de las personas, podemos sostener que el amor no se derrumba por el derrumbe de las relaciones. La mayoría de los seres humanos atraviesa distintos fracasos en el amor, pero siempre tiene su traje preparado para una nueva fiesta de sentimientos.

Si la definición de "poliamor" es *"sentir enamoramientos varios a la vez"*, esa expresión es un oxímoron. Sentir enamoramiento auténtico es siempre sentir uno solo, el amor es siempre exclusivista en sus momentos esplendorosos. El que está atravesando la etapa inicial de enamoramiento busca *lo uno* siempre. El que se enamora, recorta al resto del mundo de esa persona de la cual se enamoró y observa fijamente a quien ama. Eso se comprueba en el hecho de que no da lo mismo estar con esa persona, a estar con cualquier otra. En la poesía borgeana queda bien definido: *"Estar contigo o no estar contigo es la medida de mi tiempo"*. [13]

Si la definición de "poliamor" es *"sentir atracción sexual por muchas personas en simultáneo"*, aunque eso sí es entendible, no es amor en su concepto integral, sino deseo sexual. Podríamos incluso definir al deseo sexual como una erotización fuerte, pero el amor es siempre exclusivista en sus sentimientos iniciales. Un término posible podría ser *"polideseo"*. Se puede desear en

---

13   Borges, Jorge Luis: "El oro de los tigres". En *Obras Completas*.

simultáneo, desde luego, así que esa definición es admisible como reemplazo de "poliamor".

Ambas cosas pueden ser admitidas sin hacer un juicio moral a priori al respecto: existen los *polideseos* y existe el amor exclusivista; lo que es casi imposible es el entrecruce de nociones.

> Cuando hablamos de desear en simultáneo podemos hablar de "polideseo".

Pero la verdad innegable es que el amor permanece más allá de cambiar sus caras, por lo tanto, se puede hablar de un poliamor, pero no en simultáneo, sino en el devenir. Muchas personas sienten distintos enamoramientos en su larga existencia, porque el amor siempre estuvo de estreno y lo que siempre cambiaron fueron los rostros. Los diversos amores que se viven tornan factible el término "poliamor"; pero no como algo que puede ocurrir entre muchos a la vez, sino entre las múltiples experiencias que se tendrán a lo largo de la vida.

CAPÍTULO 5

Rupturas: ¿El fin del amor?

El amor no termina con las rupturas, la ruptura no siempre es el fin del amor, pero sí es el fin de una relación en la cual al menos uno de los dos no quiso seguir. Se puede romper un vínculo y no amar más; se puede terminar una relación y seguir totalmente enamorados ambos. Pero no podemos negar que las crisis son, casi siempre, el preludio del fin.

Para que comience lo que podemos denominar como "el fin del amor" primero debe haber una crisis. Desde luego que hay crisis que fortalecen a la pareja. "Crisis"[14] es una palabra de origen griego y etimológicamente se vincula a la idea de separación, de ruptura, pero también de decisión. Para que exista una ruptura tiene que decidir –al menos uno de los dos– dar fin al vínculo.

---

14   Corominas, Joan: *Breve diccionario etimológico de la lengua castellana.*

La crisis es herida mortal, pero también puede ser la oportunidad de reorganizar los sentimientos por parte de la pareja para continuar fortalecidos. Todo va a depender de las decisiones libres que se tomen, del momento en que esas decisiones acontezcan, de la capacidad que tenga la pareja de persistir o no; o simplemente dependerá del fluir posterior al desinterés de uno de los miembros. Si uno de los dos no quiere más, la crisis es inevitable, el que se queda queriendo solo no tiene suficiente fuerza como para sobrellevar la relación, ni siquiera tiene la obligación de hacerlo: debe tomar la iniciativa de preguntar al menos qué pasa.

> La crisis es herida mortal, pero también puede ser la oportunidad de reorganizar los sentimientos por parte de la pareja para continuar fortalecidos.

No olvidemos un dato de la realidad: todas las parejas –incluso las que se aman sinceramente– atraviesan crisis. Eso no significa que todas las crisis sean solucionables. No queremos que se interprete que este texto promueve que toda crisis es susceptible de solución: *forzar continuidad en nombre de la oportunidad es totalmente absurdo.* Si no va más, no va más.

¿Por qué hay crisis en el vínculo? Porque el cambio, la ruptura y la posibilidad permanente de elegir otro destino es siempre posible. Desde estas páginas apoyamos la admisión y valoración de las crisis, porque entendemos que solo en libertad y transitando malos momentos es posible hablar de amor.

El amor siempre termina mal

Esta idea suena chocante, pero sospecho que es una realidad innegable: el amor siempre termina mal.

El amor tiene dos fines posibles: la ruptura o la muerte de uno de sus integrantes. Ambas cosas son extremadamente tristes. Si se aman sinceramente y lo hacen por años, ese vínculo que los hace felices tendrá un fin porque la existencia no es eterna. Si se amaron y ya dejaron de amarse, la ruptura se aproxima y también todo terminará mal.

Alguien podría afirmar: "pero si terminan de común acuerdo, terminan bien", ante lo cual respondemos: el objetivo inicial fue amarse, no llegar a un acuerdo de disolución. Ergo: *terminó mal…* pero con un distanciamiento maduro.

Al utilizar la palabra *"mal"* no esquivo la capacidad resiliente de cada uno de los partícipes para recoger esa experiencia y transformarla en algo fecundo. Todos podemos tomar una mala experiencia, un sufrimiento, una decepción y mejorar nuestro futuro con ese aprendizaje; pero es innegable que el momento de separación es doloroso y que por un momento, al menos, todo terminó *mal.*

Cuando dos personas dicen que "terminaron bien" están diciendo que tuvieron la suficiente madurez para entender que era lógico poner fin a la relación y que el dolor se podrá sobrellevar con estoicismo y calma. Los estoicos eran esos filósofos griegos que invitaban a diferenciar en nuestra vida lo que podemos cambiar de lo que no podemos. Si se puede cambiar, haz lo posible para revertirlo; pero si no se puede cambiar, acéptalo.[15] En el amor esto es fundamental para esas situaciones que nos entristecen pero no dependen de nosotros: si el vínculo ya no va más, lo mejor es aceptar estoicamente y partir.

---

15   Epicteto afirmaba en su famoso "Manual de Vida", fragmento I, que *"De todas las cosas que nos ocurren, unas dependen de nosotros y otras no".*

Mi presunción de que el amor siempre termina mal proviene de una visión un tanto pesimista de la existencia, lo admito. Podríamos decir que la vida es absurda al proponernos una realidad en la cual deseamos todo. Sentimos con intensidad, proyectamos llenos de vida, pero un día el cuento se acaba. Existencialmente la vida termina mal porque incluso la existencia más feliz tiene la siempre inminencia de la muerte agazapada. El amor, como todo lo que pasa en esta vida, tiene un fin siempre acechando. Es por eso que si has encontrado el amor, mi modesta sugerencia es que lo vivas intensamente y con cierta ingenuidad abierta a la alegría. Es un milagro estadístico que hayas coincidido con otra persona. Lo habitual es no coincidir, porque por lo general te enamoras de quien no te corresponde y muchas personas se enamoran de ti sin que tú sientas algo por ellos. Si justo coincides, si sientes lo mismo que la otra persona, aférrate a esa casualidad estadística, más allá de que eres consciente de que terminará mal siempre.

> Existencialmente la vida termina mal porque incluso la existencia más feliz tiene la siempre inminencia de la muerte agazapada.

El objetivo del amor nunca fue la felicidad

Casi 400 años antes de Cristo, Aristóteles afirmaba que todos los actos de un ser humano tienden a un fin.[16] Es decir, que cualquier

---

16   Aristóteles: *Ética a Nicómaco.* Libro I.

cosa que hagas, la harás con una finalidad concreta, pero jamás te detendrás en esa finalidad, siempre buscarás algo más.

Pongamos un ejemplo: vas a un negocio a comprar zapatillas porque decides caminar todos los días. El fin de tu acto al entrar al negocio es comprar zapatillas, pero a su vez esa compra es realizada para ejercitarte (otro fin), y ese ejercicio lo harás para tener mejor salud (otro fin) y esa salud para que tus días sean más plenos (otro fin). Tarde o temprano el objetivo final será la felicidad, porque nadie aspira a algo mayor que ser feliz.

De hecho, Aristóteles analiza en su libro *Ética a Nicómaco* a las personas que tienen riquezas pero no son felices. Fíjate qué trágico: esa persona tiene lo que casi todo el mundo quiere tener, pero no tiene lo que muchos tienen sin tantas posesiones.

Aristóteles se refiere a la felicidad como *eu-daimon* (buen mediador). El término *eudaimon* no significa exactamente felicidad, como la entendemos hoy, porque en la actualidad es muy ambigua la felicidad. Algunos piensan que no existe, otros que es pasajera, incluso están los que piensan que se puede decidir ser feliz. Aristóteles habló de "buen daimon", es decir, un buen mediador entre el ser humano y el todo. Una plenitud que todos podemos tener si vivimos una vida virtuosa y persistente, porque la *eudaimonía* es una práctica cotidiana. Sin virtud, no hay *eudaimon*, sin suerte tampoco; pero esa plenitud es posible según él.

¿El amor es la puerta hacia la felicidad? Si alguien analizara los párrafos anteriores podría inferir que el amor es un acto humano y como tal tiene un fin, y ese fin es la *eudaimonía* o felicidad. Bueno, eso podríamos admitirlo dentro de la lógica aristotélica, pero no dentro de los planteos de este libro. Sostenemos desde el primer capítulo que el amor acontece y no tiene un *para* inmediato. El enamorado siente muchas cosas: a veces angustias, otras certezas, otras felicidades, otras veces desinterés. Pero de ningún modo podemos decir que del amor se llega a la felicidad automáticamente, porque estaríamos sosteniendo una visión falsa. Si el amar nos lleva a la felicidad, ¿qué queda para los que no aman o no son amados?

> De ningún modo podemos decir que del amor se llega a la felicidad automáticamente.

Las crisis: ¿comienzo del fin del amor?

Es muy trillado el argumento de que las crisis son oportunidades, no hay una sola charla motivacional en la cual no se cite a Einstein, no se pida que anoten objetivos de vida y no se reemplace la palabra *crisis* por *oportunidad*. Pero en esto último tengo que decir que estoy de acuerdo. Es más, ampliaré esta visión y diría que el enamorado ve toda situación como oportunidad de aprendizaje y reflexión filosófica.

El ser humano se encuentra con infinitas situaciones durante el día. Esas situaciones probablemente serán guardadas en el olvido para siempre. ¿Quién se podrá acordar qué hacía a las 8 de la mañana de un día exacto de 2004? Pero si tomamos cada situación compleja del día como una forma de replantearnos lo elemental de la vida, tendremos como saldo una actitud filosófica.

Pongo un ejemplo:

Durante años luché por tener el privilegio de tomar un café para leer un libro en cualquier momento de la semana que se me ocurra. Por lo general lo hago cada dos o tres días, pero me agrada pensar que si decido hacerlo ahora mismo podría, ya que mi agenda es siempre flexible. Estoy casi seguro que en este momento (mientras tú lees este libro generosamente) yo podría decidir ir a un bar y relajarme unas horas. No siempre lo pude hacer en mi pasado, pero ahora sí.

Recuerdo un lunes a la mañana en el cual decidí entrar en un bar a tomar un café, y a leer el libro que le enseñaría ese mes al grupo de estudiantes voluntarios de "Filosofía en Minutos". Eran las 8 de la mañana, recuerdo el frío, el placer de la lectura y el aroma envolvente de ese bar. Pero en un momento ingresaron abruptamente un grupo de hombres muy nerviosos a desayunar en la mesa que estaba al lado. Discutían conspiraciones en sus compañeros no presentes, hablaban mal de mucha gente, añoraban otras épocas en que las cosas no eran así, y se decidían a empezar la semana con mucha defensa de su lugar para exigir respeto y no permitir que los pisen.

Esa situación podría haber sido para mí una más entre tantas, podría haberme puesto auriculares y no oír nada, podría concentrarme en mi lectura y evitarlos, podría mirar mi celular o agenda para evadir la situación; pero no lo hice. ¿Recuerdas que te dije que si tomamos cada situación compleja del día como una forma de replantearnos lo elemental de la vida, tendremos como saldo una actitud filosófica? Bueno, mi actitud ante esa escena en el bar fue filosófica, porque intencionalmente la volví así.

"…una actitud filosófica".

Empecé a pensar, no podía no pensar sobre lo que me pasaba porque la filosofía es irresistible. ¿Cómo no preguntarme por lo necesario y a la vez adictivo que es el ego? ¿Cómo no preguntarme por la cantidad de salud que se nos va en discusiones, en enojos, en guardias que tomamos para que "nadie me saque lo que es mío"? Es más, me asombré de que yo recordaría por siempre esa situación y probablemente esos muchachos hayan olvidado ese enojo entre tantos otros enojos que habrán tenido después.

Lo mismo pasa en el amor: si tomamos al menos unas situaciones significativas de la vida en pareja para replantearnos lo elemental de la vida, veremos el amor como potencialmente filosófico día a día. Uno puede transitar las situaciones de pareja ignorándolas o bien puede tomar cada día como una situación de alerta para aprender, para pensarse mejor a uno mismo. La elección es siempre nuestra. De lo que sí estoy seguro es que si siempre estamos atentos a lo que pasa día a día, cuando vengan las crisis tendremos mejores capacidades analíticas. Si vivimos ignorando las situaciones, si el vínculo se da en piloto automático, las crisis serán baldes de agua fría y nos encontraremos preguntando "qué pasó" cuando todo ya sea irreversible.

> "El amor verdadero sabe qué hacer con una crisis".

Las crisis son inevitables, pero el amor también lo es. Lo bueno es que el amor verdadero sabe realmente qué hacer con una crisis: **o bien intentar seguir, o bien partir y dejar partir.**

"Necesito un tiempo": la distancia a pedido.

¿Recuerdan la situación que te conté al principio? Pedro acompañó a Alejandra a tomar el colectivo, y en la parada le dijo que una de las cosas que necesitaba contarle es que él venía de "un tiempo".

—Pero, ¿te pidieron un tiempo y se lo diste?

—Nadie es dueño del tiempo. Ni lo di, ni acepté que me lo pidan.

—¿La sigues esperando?

—No soy el dueño de su tiempo. Si partió, partió. Lo único que me parece extraño es que intente regresar a buscar el tiempo perdido.

El pedido de tiempo es básicamente inmaduro, parte de la no aceptación de que hay que hacerse cargo de las cosas. Si uno quiere partir, tiene la libertad y el derecho de hacerlo, pero no debe hacer responsable al otro de esa decisión latente. Debe afrontar que quiere una pausa y hacerse cargo de esa pausa: pedir tiempo es suponer que el otro tiene una responsabilidad (*otorgar fracciones de tiempo*) ante una duda que es solo del que pide ese tiempo.

Mejor es el fin del vínculo y la reorganización futura si es que más adelante se vuelve. Si la situación los sobrepasa y logra que ambos ya no sientan nada que los una, es mejor el fin. Si la crisis se presenta como un camino necesario que se debe recorrer, es mejor atravesarla con paciencia y juntos, pero nadie tiene que pedir nada. Ni el candidato a dar tiempo debe aceptar darlo, ni el que lo pide debe pedirlo. O se sigue bajo la clara situación de crisis o se corta el vínculo sin promesa de retorno.

> Si la crisis se presenta como un camino necesario que se debe recorrer, es mejor atravesarla con paciencia y juntos, pero nadie tiene que pedir nada.

Pero, ¿qué hacer si el retorno acontece? Podríamos decir que lo que están viviendo es inédito. Los dos atraviesan un tiempo nuevo: no están continuando nada porque hubo ruptura, pero tampoco están inaugurando de cero un vínculo, porque ya se conocían. Es barajar y dar de nuevo con una experiencia previa que no funcionó, es una reorganización para volver a intentar, pero no es algo completamente nuevo ni tampoco una continuidad llana.

San Agustín tiene una célebre reflexión sobre el tiempo en sus *Confesiones*. Dice el filósofo de Hipona: "¿Qué es, pues, el tiempo? Si nadie me lo pregunta, lo sé; pero si quiero explicárselo al que me lo pregunta, no lo sé. Lo que sí digo sin vacilación es que sé que si nada pasase no habría tiempo pasado; y si nada sucediese, no habría tiempo futuro; y si nada existiese, no habría tiempo presente.[17] Te ruego que nos detengamos en esa frase: "si nada pasase no habría tiempo pasado". Si hubo pasado es porque algo vivieron y porque ambos consideran que fue fuerte lo que aconteció, lo suficientemente fuerte para que sus memorias persistan en recordarlo. El pasado existe si los dos lo recuerdan.

> ## El pasado existe si los dos lo recuerdan.

El tiempo es el entramado de todo lo que damos incondicionalmente a la vida. Cada despertar es tiempo, cada día que luchaste por algo es tiempo, cada sueño –por insignificante que

---

17   Agustín, San: *Confesiones*, Libro XI, Capítulo XIV.

sea– es tiempo. El tiempo no es solo agujas moviéndose en un reloj. Rigurosamente, eso es movimiento, no tiempo.

El tiempo es tu vida impregnada en cada compás existencial. ¿Quieres darle eso a quién te pidió tiempo?

> El tiempo es tu vida impregnada en cada compás existencial. ¿Quieres darle eso a quién te pidió tiempo?

Cuando solo ama uno y el otro partió. Reflexiones sobre el olvido.

"No te amo más, eso me pasa".

Así, contundente y sin ningún filtro, la frase penetra lo más profundo de cualquier persona a la que se la digan. Alguna vez existió algo y hoy ya no está. Alguna vez se pudo ser y hoy ya no se es.

A lo largo de nuestra vida, tenemos situaciones que nos exponen ante un vacío, ante una nada que no queremos orillar pero nos golpea. Ese vacío es origen de la filosofía en nosotros. Se filosofa en muchas situaciones, pero cuando todo nos abruma, el acto de filosofar se vuelve inevitable. Una de esas situaciones es la ruptura amorosa o el abandono.

Que nos dejen de amar es una pared y un duelo. Querer abordar esto como superados y omnisapientes de la vida es absurdo e incluso peligroso. Más de una vez, observo de lejos a consejeros de redes sociales que dicen frases armadas ante el abandono: *"si te dejaron, te esperarán miles de personas mejores"*; *"mereces otra persona que vibre…"* y cosas así. Creo que pocos se han percatado del peligro de trivializar lo que es probablemente una de las cosas más tristes y angustiantes de la vida: **sentir que ya no somos amados.**

> Se filosofa en muchas situaciones, pero cuando todo nos abruma, el acto de filosofar se vuelve inevitable.

No tiene solución directa semejante realidad, pero desde el primer momento se pueden tomar medidas de sentido común: aceptar que ya no hay vuelta atrás, respetar el universo infinito que es el otro, convivir con el dolor sin esquivarlo y buscar lentamente el camino del olvido.

La filosofía estoica tiene muchas lecciones para el siglo XXI, una de esas lecciones es la aceptación. Los estoicos eran sabios antiguos que nos enseñan un principio sencillo y elocuente: ante cada situación difícil, pregúntate qué es lo que puedes cambiar y qué es lo que no puedes. Ante lo que puedes cambiar, esfuérzate; ante lo que no puedes cambiar, acéptalo.

El fin del amor en otra persona es una situación que solo amerita aceptación. No hay forma de hacer que alguien que no quiere, quiera. Ya dijo que no, ya siente que todo terminó, solo resta aceptar. ¿Será doloroso? Sí, de modo inexplicable, pero mucho peor es insistir en algo que ya tiene un fin predestinado.

La viudez, el fin que no pone fin al amor

Dedicado a mi madre

El día que falleció mi padre, noté dos cosas:

Noté que aunque la muerte es uno de los grandes temas de la filosofía, yo siempre la había visto de modo abstracto, por lo tanto *no sabía nada de la muerte hasta ese día*. Papá murió y era mi trágico primer día de conocimiento verdadero sobre la muerte. Anteriormente, solo me habían contado sobre ella los diversos filósofos.

Y noté algo más: noté que mi madre no tenía consuelo.

Nada de la retórica discursiva e intelectual sirve en la viudez, es un enfrentamiento experiencial y exclusivo de aquel que no partió, ya que su mente se dirime entre lo que fue y lo que nunca será. Le angustia saber que lo bello del pasado no acontecerá nunca más, pero también todo sueño o proyecto es imposible de ser pensado. El viudo o la viuda es una persona que es, mientras se le manifiesta la nada, su ser le pesa en las espaldas porque está siendo, cuando la persona que ama ingresó en la nada.

> Con tragedia y sufrimiento, la muerte nos conecta con la nada de nuestra propia existencia

Por lo tanto, el viudo tiene una experiencia ineludible con la nada. Esa nada no le pertenece porque el viudo persiste en el ser. Aun así, la nada de la vida lo visita y sus primeras reflexiones se mueven entre lo que nunca será y lo que proyectaron, pero ya no se podrá concretar. Con tragedia y sufrimiento, la muerte nos conecta con la nada de nuestra propia existencia, al no tener más al lado nuestro a la persona que nutrió día a día nuestra vida.

Es mentira que el tiempo cura todo. Poéticamente suena bien, pero sabemos que el ser humano arrastra heridas para siempre. Lo que sí se puede lograr es una reorganización de la vida que frene la tristeza y ayude a renacer la sonrisa cotidiana. Eso lleva años y, sobre todo, lleva una comprensión no-intelectual de la tragedia de la muerte. El que sana heridas fuertísimas como la viudez no lo hace porque alguien le dijo en el velorio: "todo tiene solución", sino porque el paso del tiempo le fue fortaleciendo su capacidad de resignación.

El fin del amor no es la viudez, pero ocurre, desde luego, algo antinatural. Nada vuelve a ser lo mismo, por más potente y real que sea el recuerdo. El amor persiste, el amor vence a la muerte, sin dudas, pero hay algo que no puede unirse más y eso genera un dolor que el viudo afronta con el estoicismo que le deja el recuerdo de quien ama. Sabe de lo irreversible y nadie puede negarle la eterna presencia de un sentimiento que siempre escapó a lo temporal. El ser humano es siempre experiencia que confronta un cuerpo con un *aquí* y *ahora*. Si ese amor siempre tuvo la presencia de ambos, ahora todo está desencajado.

Una de las últimas expresiones de mi padre fue: "Pronto todos vacacionaremos en unas playas hermosas como las de Colombia, viajaremos mucho, pronto viene la primavera". Nada me cierra más la garganta de dolor que pensar en ese deseo, porque nunca ocurrirá. Porque todos somos nada, pero aún insistimos en el ser. Todos iremos a ese lugar en el que él está, aunque no sean esas hermosas playas de Colombia que él soñó.

La evolución final: amistad erotizada y eros amistoso

¿Qué hacer después de la etapa de enamoramiento? Esa pregunta es la que atravesaron la mayoría de las parejas pasados los meses iniciales. Después del amor fundacional, comienza el proyecto. Siete meses después, un año, dos… lo que sea; pero el amor debe refundarse.

Si el amor es siempre un "hacia adelante", si siempre busca un futuro, es lógico que ambos deban tener un proyecto para continuar cuando la pasión inicial se está sosegando. Es esencial tener algo por lo cual luchar juntos: cuando la pasión aminora, avanza la *amistad erotizada* o el *eros amistoso*.

Esta definición que arriesgo para la *amistad erotizada* se puede aplicar a las parejas que tienen años juntos, significa que esa relación tendrá mucho de complicidad, de unión, de proyectos en común que los mantendrá firmes más allá de los buenos o malos momentos. Si solo los unió la pasión inicial, con el paso de los meses el vínculo quedará disuelto. Pero si, además de la atracción erótica, continúan con objetivos en común, la relación tendrá muchos atributos del compañerismo y la amistad, y también la pasión seguirá vigente.

Es necesario que la pasión persista, por eso hablo de "eros amistoso". No seremos tan ingenuos de pensar que deben sentir la misma pasión del comienzo, pero sí tiene que haber deseo, que encuentren momentos en la semana para reafirmar que lo que los une es el afecto, el cariño y, sobre todo, la atracción sexual.

> Es necesario que la pasión persista, por eso hablo de "eros amistoso".

¿Por qué hay parejas que duran tanto? La respuesta es tan subjetiva como cada vínculo, pero en filosofía tendemos a la búsqueda incansable de cualidades comunes que nos abran la posibilidad de un concepto. Podríamos arriesgar que una de las cualidades que tienen las parejas que persisten en el tiempo es que han encontrado un eros amistoso, una amistad erotizada o simplemente un compañerismo lleno de proyectos que sigue sintiendo el atractivo fundacional.

Epílogo

Alejandra y Pedro nunca comerán perdices

El amor termina mal, lo dije varias veces en el libro y ahora remarco esta idea para dar comienzo al epílogo.

Cuando Alejandra y Pedro advirtieron que lo que sentían era inevitable, dejaron que el amor fluya y fueron novios. Uno de los dos renunció al empleo porque la relación no era acorde a los estatutos de la empresa. Con los años se fueron a vivir juntos y ya no supe más de sus vidas. Regresé hace unos años a la oficina a hacer unos trámites y no estaba ninguno de los dos; a decir verdad, ni siquiera estaba la oficina, porque no solo se mueve el tiempo, sino también las personas y los lugares.

Si Alejandra y Pedro siguen juntos, me gustaría saber cómo están. ¿Sentirán lo mismo? Si hubo cambios en sus sentimientos, ¿fueron definitivos o complementarios de lo que ya existían? ¿Son una familia? ¿Una pareja? ¿O tan solo son dos personas que ya ni se llaman ni se escriben?

¿Cómo terminó todo?

Me entristece decirlo, pero *todo terminará mal*. Alejandra y Pedro tal vez terminaron su vínculo y eso ya nos habilita a decir que terminaron *mal*. (Nada termina bien en el amor por más civilizados que ambos sean). Y si siguen juntos por siempre, uno de los dos partirá de esta vida indefectiblemente y el otro tendrá que afrontar la soledad.

Las perdices que no comerán por la ausencia de uno de ellos acusarán ese dolor de un viaje irreversible. Dice el clásico final de los cuentos de hadas que comeremos perdices, pero nunca nos dijeron que las perdices se acaban, que el acto de comer juntos se termina y que todo quedará en el olvido, incluso el amor más increíble que puedas vivir.

Y entonces, ¿por qué amamos si todo termina? ¿Por qué insistimos si todo termina mal? ¿No sería mejor ocupar nuestro tiempo en actividades que enriquezcan nuestro ego y nos den pasatiempos infinitos?

Amamos porque es irresistible, porque es más fuerte que nosotros, porque somos la rebelión ante una existencia absurda. Somos esa minúscula parte de la naturaleza que mira de frente a la existencia y le dice: "Eres absurda, pero acá estoy yo viviendo, sonriendo, pensando que soy eterno y amando, amando muchísimo".

No importa cómo terminará todo, pero amamos porque es irresistible. Ojalá estas páginas te hayan ayudado en esta aventura que vives y vivirás. Ojalá al menos una frase te pueda acompañar hasta el último instante.

Agradecimientos

A mi hija: sentido real de mi existencia, artista de mi porvenir, paz de mi presente, sonrisa de mis recuerdos.

A Lucy, escultora de mi ser. Igual al Olimpo en su inteligencia y amor.

A mi madre, que me enseñó a leer a los 4 años y me legó el amor por los libros.

A mi padre, que siempre creyó en mí. Notable genio de la música, pero mejor amigo y forjador de mi carácter por la eternidad.

A mis hermanos, tía, abuela, cuñadas, primos y demás parientes que esperaban este volumen desde que era un niño predicador de La Palabra en púlpitos religiosos. Ellos son certeros en horas vacilantes.

A mis amigos de toda la vida. Ellos jamás hablaron de filosofía conmigo y me han trasladado siempre al mundo no-filosófico, ese mundo tan necesario para no perderse en laureles intelectuales, que nada tienen de importante.

A los alumnos que alguna vez me escucharon en las aulas. Sospecho que en 15 años fueron muy pocos, porque fui un mediocre profesor, pero espero haberlos ayudado.

A mis maestros de toda la vida, a los editores que confiaron en mí siendo un escritor sin currículum.

A vos que creíste en mí. Yo creo en vos, creo mucho en vos.

Bibliografía

Agustín, San. *Confesiones*. Colección Grandes Pensadores, Gredos, Madrid, 2010

Aristóteles. *Ética a Nicómaco*. Colección Grandes Pensadores, T II, Gredos, Madrid, 2010.

Aristóteles. *La Física*. Colección Grandes Pensadores, T II, Gredos, Madrid, 2010.

Bauman, Zygmunt. *Amor líquido*. Fondo de Cultura Económica, Buenos Aires, 2005.

Biblia, La. ReinaValera, Sociedades Bíblicas en América Latina, 1960.

Borges, Jorge Luis. *Obras Completas (1923-1972)*. Emecé, Buenos Aires, 1974.

Corominas, Joan. *Breve diccionario etimológico de la lengua castellana*. (Tercera edición), Gredos, Madrid, 1987.

Epicteto. *Manual de vida*. Colección de textos clásicos, Gredos, Madrid, 2021.

Epicuro. *Carta a Meneceo*. Textos de los grandes filósofos, Edad Antigua, Herder, Barcelona, 1982.

Fromm, Erich. *El arte de amar*. Paidós, Buenos Aires, 2016.

Han, Byung-Chul. *La agonía del eros*. Herder, Barcelona, 2012.

Huxley, Aldous: *Un mundo feliz*. Editores mexicanos unidos, México, 1985.

Nietzsche, Friedrich: *La ciencia jovial*. Colección Grandes Pensadores, T I, Gredos, España, 2010.

Platón: *El banquete*. Colección Grandes Pensadores, T I, Gredos, Madrid, 2010.

Schwob, Marcel. *Vidas imaginarias*. Centro Editor de América Latina, Buenos Aires, 1980.

Esperamos que este libro
haya sido de tu agrado.
Para información o comentarios,
contáctanos en la dirección
que aparece debajo.

Muchas gracias.

HOJAS DEL SUR

www.hojasdelsur.com

⊙ f 𝕏 /hojasdelsur